Ein WAS IST WAS Buch über
Wilde Tiere

von Martin L. Keen
Illustriert von Walter Ferguson
Deutsche Ausgabe von Otto Ehlert

Wissenschaftliche Überwachung durch
Dr. Paul E. Blackwood
vom U. S. Gesundheits- und Erziehungsministerium,
Washington, D. C.

NEUER TESSLOFF VERLAG · HAMBURG

Klammeraffe

Vorwort

Die Wissenschaftler haben viele Zusammenhänge in der Natur entdeckt. Sie fanden heraus, daß die meisten Lebewesen voneinander und von ihrer Umwelt abhängig sind. Ein Beispiel: Maulwürfe graben Gänge in die Erde und nähren sich von Insekten. Die Gänge helfen dabei, den Boden zu entwässern; Insekten finden in trockenen Böden günstigere Lebensbedingungen. Der Maulwurf findet also mehr Nahrung.
Besondere Bedingungen der Umwelt bewirken, daß sich Tiere den Notwendigkeiten entsprechend entwickeln, um lebensfähig zu bleiben. Zwei Beispiele: das weiße Fell des Polarbären, das sich gegen das Eis oder den Schnee kaum abhebt, so daß er beim Anschleichen an seine Beute fast unsichtbar bleibt; der schwere Panzer des Gürteltieres, der das Tier gegen seine Feinde schützt.
Die Zoologen erforschen diese Zusammenhänge in der Natur. Das **WAS IST WAS**-Buch „Wilde Tiere" bringt viele Tatsachen über die interessantesten Tiere dieser Erde: wie sie aussehen, wo sie leben, wie sie jagen, über ihre Nahrung, ihre Intelligenz, wie sie sich gegen ihre Feinde schützen und wie sie sich unter bestimmten Umständen verhalten.

© *Copyright 1963, by Wonder Books, Inc. All rights reserved under International and Pan-American Copyright Conventions. Alle deutschen Rechte bei* NEUER TESSLOFF VERLAG, HAMBURG.

ISBN 3 7886 0253 8

Inhalt

	Seite
WILDE TIERE	6
Was ist ein wildes Tier?	6
Was sind Säugetiere?	6
Wie helfen die Sinnesorgane den Tieren?	6
DIE RAUBTIERE	7
Was ist ein Raubtier?	7
Warum haben Raubtiere scharfe Zähne?	7
Katzenartige Raubtiere	8
Was für Zähne haben die Katzen?	8
Wie verbirgt die Katze ihre Krallen?	8
Warum leuchtet ein Katzenauge in der Dunkelheit?	9
Wozu haben Katzen einen Schnurrbart?	10
Wie jagen die Großkatzen ihre Beute?	10
Wie kann sich der Tiger verbergen?	10
Warum werden manche Tiger „Menschenfresser"?	10
Wie lange leben Tiger?	11
Hat der Löwe einen Stachel im Schwanz?	11
Wie jagt der Löwe seine Beute?	12
Wie sehen Löwenjunge aus?	12
Warum nennt man den Löwen den „König der Tiere"?	13
Was ist ein Berglöwe?	13
Greifen Pumas Menschen an?	14
Warum wird der Pumavater vertrieben?	14
Welche Katze rennt am schnellsten?	14
Die hundeartigen Raubtiere	15
Wer gehört zu den hundeartigen Raubtieren?	15
Sind Kojoten schädliche Tiere?	15
Warum stellt der Kojote sich tot?	16
Was ist ein Wolfsrudel?	17
Greifen Wölfe den Menschen an?	17
Warum gelten die Hyänen als feige?	17
Können Hyänen lachen?	18
Bären	18
Was fressen Bären?	18
Sind die Bären mit den Hunden verwandt?	18
Wie sehen Bärenjunge aus?	19
Sind Bären gefährlich?	19
Was nützt dem Polarbär das weiße Fell?	19
Welcher Bär ist der größte?	20
INSEKTENFRESSER	21
Können Tiere aus Furcht sterben?	21
Welches ist das kleinste Säugetier der Welt?	21
Welche Spitzmaus kann einen Mann auf dem Rücken tragen?	22
Was ist ein Maulwurfshügel?	22
Hilft der Maulwurf dem Menschen?	23
Wie kann man einen Maulwurf bei der Arbeit beobachten?	23
NAGETIERE	24
Welche Tiere sind als „Baumeister" bekannt?	24
ZAHNLOSE SÄUGETIERE	25
Warum rollt sich das Gürteltier zu einer Kugel zusammen?	25

	Seite
DER ELEFANT	26
Wozu hat der Elefant die Stoßzähne?	26
Welche Arten von Elefanten gibt es?	26
Gibt es Elefantenfriedhöfe?	27
FLIEGENDE SÄUGETIERE	28
Welches Säugetier hat Flügel?	28
Sind Fledermäuse blind?	28
Was ist das „Radar" der Fledermäuse?	28
Warum folgen Fledermäuse manchmal dem Menschen?	29
Was sind Vampire?	30
EIERLEGENDE SÄUGETIERE	30
Welche Säugetiere legen Eier?	30
BEUTELTIERE	31
Was sind Beuteltiere?	31
Kann sich ein Opossum totstellen?	31
Wie lebt das junge Opossum in den ersten Monaten?	32
Welche Tiere tauschen ihre Jungen aus?	32
Wie kam das Känguruh zu seinem Namen?	32
Kann ein Känguruh boxen?	34
SÄUGETIERE, DIE IM MEER LEBEN	35
Welches ist das größte Tier der Welt?	35
Was für Wale gibt es?	35
Wie jagt man heute Wale?	36
HUFTIERE	37
Was sind Hufe?	37
Wie fressen die Wiederkäuer?	37
Ist Rotwild nützlich oder schädlich?	38
Wie wächst das Geweih bei Hirsch und Reh?	38
Wer ist der Riese in der Rotwildfamilie?	39
Was ist ein „Elchhof"?	39
Welcher Hirsch lebt im hohen Norden?	40
Welches Tier heißt auch das „Kamel des Nordens"?	41
Welche Säugetiere leben im Hochgebirge?	42
Wie lernt das Dickhorn springen?	42
Welches Tier kann aus der Dachrinne trinken?	43
Warum sagt man, das Nashorn sei unberechenbar?	44
Schwitzt das Flußpferd Blut?	45
DIE AFFEN	45
Warum suchen die Affen einander das Fell ab?	45
MENSCHENAFFEN	46
Welches sind die intelligentesten Tiere?	46
Fürchtet der Gorilla den Menschen?	46
Welcher Menschenaffe ist der klügste?	47
DIE WILDEN TIERE WERDEN GESCHÜTZT	48

Robbe

Giraffenantilope

Diese sechs Tiere sehen wohl seltsam aus und sind dir unbekannt, aber sie sind keine Schöpfungen der Phantasie. Sie haben alle einmal in der Urzeit gelebt. Einige sind ausgestorben; andere haben sich zu Tieren entwickelt, die heute noch leben. Es sind Säugetiere, die die Erde bevölkerten, nachdem die Saurier und andere große Reptilien ausgestorben waren. Das Klima der Erde hatte sich gewandelt; die Säugetiere konnten sich den veränderten Lebensbedingungen besser anpassen als die frühen Wirbeltiere. — Das Barylambda (rechts) ist eines der ganz frühen Säugetiere, das nach Meinung der Wissenschaftler im Paläozän gelebt hat, also vor ungefähr 75 Millionen Jahren. Das Uintatherium (links oben) stammt aus der Eozänperiode vor rund 60 Millionen Jahren und starb bald aus. Der Hoplophoneus (links unten) war die erste der großen Katzen und lebte vor 40 Millionen Jahren im Oligozän. Bekannter sieht das Procamelus aus (Mitte oben); es lebte im Miozän vor 30 Millionen Jahren. Es sah aus wie ein Kamel mit dem Hals einer Giraffe. Das Syndyoceras mit zwei Paar Hörnern lebte gleichfalls im Miozän.

Während die Tiere links wirklich einmal gelebt haben, sind die unten dargestellten Figuren von Menschen geschaffen.
Einige stellen eine Gottheit dar, andere wurden von Märchenerzählern erdacht, um ihre Geschichten auszuschmücken oder die Zuhörer in Furcht zu versetzen.

Anubis, der Sohn des Osiris, war einer der Hauptgötter Ägyptens. Auf einem menschlichen Körper sitzt der Kopf eines Hundes.

Das Einhorn ist ein Fabeltier, von dem erzählt wird, daß es jedem Jäger entkam.

Der Zentaur aus der griechischen Sage hatte Kopf, Rumpf und Arme eines Mannes, aber den Leib eines Pferdes.

Die Sphinx, ein Geschöpf aus vielen Sagen, hat einen Menschenkopf auf dem Leib eines Löwen.

Wilde Tiere

Was ist ein wildes Tier?

Ein wildes Tier ist ein Tier, das ganz ohne die Hilfe und Fürsorge des Menschen lebt. Es ist vom Menschen unabhängig und braucht von ihm weder Nahrung noch Behausung noch Schutz. Der Tiger im Dschungel, das Kaninchen auf dem Feld, der Polarbär im Eis der Arktis – sie alle sind wilde Tiere. Nimmt man es ganz genau, ist eigentlich jedes Lebewesen, das keine Pflanze ist und nicht vom Menschen gehegt wird, ein wildes Tier, also auch die Fische, die Austern im Meer, die Insekten und selbst die winzigen einzelligen Lebewesen, die wir nur unter dem Mikroskop sehen können.

Wenn wir allerdings von wilden Tieren sprechen, so denken wir gewöhnlich an Tiere wie Bären, Affen, Giraffen, Waschbären, Elefanten, Löwen und Tiger, um nur einige Beispiele zu nennen. Was für Tiere sind das nun? Was haben sie miteinander gemein? Es sind Säugetiere. Nach allgemeinem Übereinkommen und alter Gewohnheit meinen wir also, wenn wir von wilden Tieren sprechen, wilde Säugetiere.

Was sind Säugetiere?

Alle Säugetiere nähren ihre Jungen mit Milch aus Milchdrüsen des Muttertieres. Eine andere Eigenschaft, die fast alle Säugetiere gemein haben, ist die, daß sie lebende Junge zur Welt bringen. Es gibt allerdings auch Ausnahmen, wie wir noch sehen werden.

Alle Säugetiere haben Haare oder einen Pelz, der sie bedeckt. Einige – zum Beispiel Wale, Gürteltiere und Elefanten – haben allerdings sehr wenige Haare. Alle Säugetiere haben vier Gliedmaßen – ein Paar Vorder- und ein Paar Hintergliedmaßen. Bei den meisten Säugetieren sind die Gliedmaßen Beine. Einige Säugetiere bewegen sich nur auf ihren Hinterbeinen. Bei manchen Säugetieren sind die Gliedmaßen Flossen, die sie zum Schwimmen gebrauchen, während bei anderen ein Paar der Gliedmaßen zu Flügeln geworden ist.

Wie helfen die Sinnesorgane den Tieren?

Die Säugetiere haben scharfe Sinne. Sehen, Hören, Riechen und Fühlen sind bei ihnen gut entwickelt. Bei den meisten sind ein oder zwei Sinne besser entwickelt als die anderen. Tiger zum Beispiel haben sehr scharfe Ohren und Augen, damit sie ihre Beute wahrnehmen und verfolgen können. Aber ihr Geruchssinn ist nur mittelmäßig entwickelt. Eine gute Nase würde ihnen im Dschungel wenig nützen, denn die Bäume im Dschungel brechen die Luftströmung, so daß keine rechte Witterung möglich ist. Ein Tiger, der versuchen würde, bei dem dauernd wechselnden Wind im Dschungel seine Beute nach dem Geruch zu verfolgen, hätte wenig Erfolg.

Waldtiere, die gejagt werden, können jedoch einen feinen Geruchssinn zusammen mit einem scharfen Gehör gut gebrauchen. Wenn die Dschungelbrise den Geruch eines Tigers heranbringt, so wird das Rotwild vor dem Feind, der irgendwo in der Nähe ist, gewarnt und kann rechtzeitig fliehen.

Über offenes Land aber weht der Wind, ohne Widerstand zu finden, und trägt Gerüche und Geräusche über weite Entfernungen. Antilopen, Kaninchen und andere Beutetiere können sofort erkennen, wenn Gefahr droht, und vor ihren Feinden fliehen.

Bärentatze

Die Raubtiere

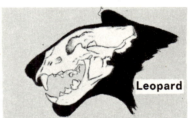
Schädel eines Raubtieres — Leopard

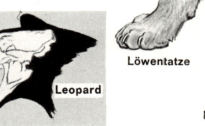
Löwentatze

Fuchspfote

Was ist ein Raubtier?

Raubtiere leben vom Fleisch anderer Tiere. Sie sind wild, schnell und stark. Der wissenschaftliche Name für die Raubtiere ist „Carnivora" (vom lateinischen Wort „carnis" = Fleisch und „varare" = fressen).

Warum haben Raubtiere scharfe Zähne?

Die Raubtiere gebrauchen ihre scharfen Krallen und ihre langen, scharfen Zähne, um ihre Jagdbeute zu packen und zu zerreißen. Im Ober- und Unterkiefer haben sie je zwei Eckzähne – die Reißzähne, die länger als die übrigen Zähne sind. Alle Raubtiere haben solche Reißzähne. Die Hauptnahrung der Raubtiere besteht aus Fleisch, obgleich viele, zum Beispiel Bären und Waschbären, auch Früchte, Beeren und Pflanzen fressen.

Es gibt viele Arten von Raubtieren auf der Erde: Leoparden, Tiger, Luchse, Wiesel und die anderen Mitglieder der Marderfamilie. Waschbären und ihre Verwandten sind ebenfalls Raubtiere, und auch die Katzenbären, die Wickelbären und Nasenbären ebenso wie Nerze, Marder, Zobel und Vielfraß. Die schlangenfressenden Mungos, die aasfressenden Hyänen, die Zibetkatzen und alle katzenartigen Tiere überhaupt gehören auch zur großen Ordnung der Raubtiere.

Wieselpfote

Waschbärpfote

Otterpfote

KATZENARTIGE RAUBTIERE

Die vielen Arten Katzen, die es auf der Welt gibt, bilden zusammen die Familie der katzenartigen Raubtiere. Alle Katzen, mit Ausnahme der Hauskatze, sind wilde Tiere.

Ihre Eckzähne sind länger und schärfer als die aller anderen Raubtiere. Auch die übrigen Zähne sind sehr scharf. Die oberen und unteren Zähne schieben sich wie die Schneiden einer Schere dicht aneinander vorbei. Solche Zähne schneiden mühelos durch zähes Fleisch, Knorpel und Sehnen. Sie können auch Knochen zerbeißen, haben dafür aber keine besonderen Mahlzähne wie viele andere Raubtiere.

Die Krallen einer Raubkatze sind schärfer als die Krallen aller anderen Säugetiere. Sie sind hakenförmig und an den Enden nadelspitz. Sie sind mit Muskeln verbunden; dadurch kann die Katze die Krallen ausstrecken und in die häutigen Scheiden in den Pfoten zurückziehen. Die Zähne und Krallen der Katze und ihrer Verwandten sind sehr gefürchtet. Kein anderes Tier ihrer Größe besitzt solche Waffen.

Was für Zähne haben die Katzen?

Wie verbirgt die Katze ihre Krallen?

PANDAS
Kleiner Panda
Katzenbär

Die Waschbären (ganz links) gelten als Raubtiere, obgleich sie auch Nüsse und Früchte fressen. Sie jagen Vögel, Fische, Frösche, Schnecken, Schlangen und andere Tiere. Sie leben in Nordamerika an den Rändern von Gewässern und sind gute Schwimmer. Waschbären „waschen" ihre Nahrung, um sie weich zu machen. Ihr Pelz ist sehr begehrt. Diese Tiere lassen sich gut zähmen. — Der Nasenbär ist ein südamerikanischer Verwandter des Waschbären.

Die Mitglieder der Marder-Familie (Mitte), die wegen ihres Pelzes für den Menschen Bedeutung haben, sind (mit Ausnahme von Australien und Neu-Guinea) über die ganze Erde verbreitet. Zur Marderfamilie gehören außer dem Marder das Wiesel, der Nerz, der Dachs, der Skunk, der Otter und das Frettchen. Das schwarzfüßige Frettchen wird bis 60 cm lang.

Ein Riesenpanda (Katzenbär) sieht wie ein Riesenteddybär aus. Diese Bären leben in Westchina und Osttibet. Kleinere Pandas sind den Waschbären ähnlich. Sie leben auf Bäumen in den Bergen Nordindiens und Chinas.

Die Hyänen werden zu Unrecht feige genannt. Man findet sie in Afrika und Teilen von Asien. Auch sie sind Raubtiere. Näheres über sie findest du auf den Seiten 17 und 18.

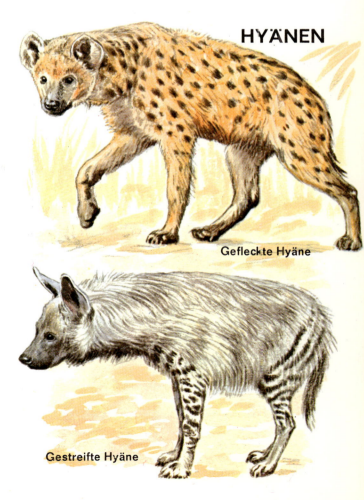

HYÄNEN
Gefleckte Hyäne
Gestreifte Hyäne

Warum leuchtet ein Katzenauge in der Dunkelheit?

Vielleicht hast du schon einmal nachts den kupfergrünen Glanz eines Katzenauges gesehen. Dieser Glanz entsteht, wenn sich das Licht in einer „Guanin" genannten Substanz widerspiegelt, die das Innere des Katzenauges bedeckt. Natürlich hat Guanin nicht den Zweck, das Auge der Katze zum Leuchten zu bringen; es verstärkt alles Licht, das in das Katzenauge fällt – daher kann die Katze noch in fast völliger Dunkelheit sehen. In ganz pechschwarzer Dunkelheit kann allerdings auch die Katze nichts mehr sehen, weil dann überhaupt kein Licht in ihre Augen fällt.

Eine Katzenzehe, oben mit eingezogener und unten mit ausgestreckter Kralle.

Die großen Katzen haben ein sehr scharfes Gehör.

Wozu haben Katzen einen Schnurrbart?

Sie können nicht nur die leisesten Geräusche wahrnehmen, sondern jede Luftschwingung. Wenn winzige Luftschwingungen bestimmte Haare im Ohr der Katze erreichen, wird diese Berührung zu den Nerven an den Haarwurzeln weitergeleitet. So merkt die Katze auch noch solche Bewegungen in der Nähe, die so schwach sind, daß sie weder Geräusche erzeugen noch gesehen werden können. Die Schnurrbarthaare der Katze dienen genau demselben Zweck wie die Haare in den Ohren. Sie sind also äußerst empfindliche Sinnesorgane.

Die Großkatzen beschleichen ihre Beute.

Wie jagen die Großkatzen ihre Beute?

Die meisten Katzen können nur auf kurze Entfernungen schnell laufen. Deshalb müssen sie sich möglichst nahe an ihr Opfer heranschleichen, bevor sie zum Sprung ansetzen. Eine jagende Katze, die ihre Krallen in die Scheiden eingezogen hat, bewegt sich lautlos auf ihren Sohlenpolstern. Wenn sie an ihre Beute ziemlich nahe herangekommen ist, drückt sie sich flach an den Boden und kriecht weiter. Gelegentlich macht sie kurze, lautlose Sprünge von einem Versteck zum nächsten. Ist sie schließlich auf Sprungweite heran, springt sie auf ihr Opfer zu.

Tiger sind die größten Katzen Asiens. Man findet sie von den dampfenden Dschungeln Südindiens und Malayas bis zu den verschneiten Wäldern Sibiriens. Der Tiger ist durchschnittlich etwas über zweieinhalb Meter lang, gemessen von der Nasenspitze bis zum Schwanzende. Er ist nicht ganz ein Meter hoch und wiegt über 350 Pfund. Sibirische Tiger können sogar bis zu vier Meter lang werden und ein Gewicht von 600 Pfund erreichen.

Das Fell der Tiger im Süden ist kurz und glänzend.

Wie kann sich der Tiger verbergen?

Seine Farbe ist gelb bis rot-orange mit dunkelbraunen Streifen. Das Fell der Tiger, die in Sibirien, im Kaukasus und in Nordkorea leben, ist milchiggelb mit dunkelbraunen Streifen. Da Tiger in Dschungeln und Wäldern leben, ist es schwer, ihr gestreiftes Fell zwischen den Schatten der Bäume und Büsche auszumachen. Das vielfarbige Fell des Dschungeltigers verschmilzt mit der Farbe der toten Blätter im Dschungel, während das helle Fell der Tiger im Norden sich nur wenig vom Schnee abhebt.

Die gewöhnliche Nahrung eines Tigers

Warum werden manche Tiger „Menschenfresser"?

besteht aus Hirschen und Rehen, Antilopen und Wildschweinen – also aus Tieren, die der Ernte der Bauern im Fernen Osten Schaden zufügen. Viele Tiger überfallen aber auch Haustiere, und einige haben sogar Menschen angegriffen. Dies sind die sogenannten „man-eaters", die „Menschenfresser". Menschenfressende Tiger sind meistens alte oder verkrüppelte Tiere. Wenn ein Tiger alt wird, nutzen sich seine Zähne ab, und seine

10

Krallen spalten sich und werden stumpf. Dann wird es für den Tiger sehr schwierig, auf seine gewohnte flinke Beute Jagd zu machen. Er fällt dann manchmal auch Menschen an, die leicht zu beschleichen sind.

Tiger fressen gern das Fleisch von Stachelschweinen; dabei brechen manchmal die Stacheln ab und bleiben in der Pfote des Tigers stecken. Sie wandern im Bein nach oben und machen das Tier zum Krüppel. Auch solche Tiere werden dann gelegentlich zu Menschenjägern. Bei einem Tiger, der mehr als hundert Menschen getötet hatte, fand man dreißig Stacheln, von den Pfoten bis zur Brust hinauf.

Manchmal wird auch ein junger, gesunder Tiger zum Menschenfresser. Den Grund dafür kennt man nicht genau. Erfahrene Jäger glauben jedoch, daß die Mutter des Tigers ein „Menschenfresser" war und das Junge gelehrt hat, Menschen anzufallen. Die meisten Tiger gehen jedoch den Menschen aus dem Wege.

Tiger werfen gewöhnlich zwei bis drei Junge, von denen jedes etwa zwei Pfund wiegt. Die Augen der Jungen sind geschlossen und öffnen sich erst nach zwei Wochen. Die Tigermutter sorgt sehr für ihre Jungen. Sie nährt sie, bis sie imstande sind, Fleisch zu fressen und verteidigt sie gegen alle Feinde. Die ersten sechs Monate verbringen die Jungen mit Spielen. Dann fängt die Tigermutter an, sie an die Jagd zu gewöhnen. Wenn die jungen Tiger ein Jahr alt sind, sind sie so weit, daß sie für sich selbst sorgen können. Wilde Tiger werden ungefähr 15 Jahre alt; Tiger in zoologischen Gärten sind dagegen schon mehr als 20 Jahre alt geworden.

| Wie lange leben Tiger? |

| Hat der Löwe einen Stachel im Schwanz? |

Die meisten Löwen leben auf den baumlosen oder wenig bewachsenen Savannen und Steppen Afrikas südlich der Sahara. Außerdem gibt es noch einige Löwen im Gir-Wald im Nordosten Indiens; sie stehen unter Naturschutz. Der Löwe ist etwas kleiner als der Tiger. Ein männlicher Löwe sieht manchmal größer aus als ein Tiger, weil er eine Mähne hat, die seinen Hals und seine Schultern bedeckt. Aber nicht alle männlichen Löwen haben Mähnen, und Löwinnen haben niemals eine. Die Mähne frei lebender Löwen ist gewöhnlich zerzaust und nicht gleichmäßig dicht, weil sie durch

Der Tiger ist ein asiatisches Mitglied der Katzenfamilie.

Rechts: Ein männlicher Löwe mit Löwin und Jungen in der afrikanischen Steppe. Der Leopard (unten) ist kleiner als der Tiger und der Löwe, aber die gefürchtetste aller Großkatzen. Er lebt in Afrika und Asien.

Dornen und Gebüsch oder beim Kämpfen mit anderen Löwen zerrissen wurde.

An der Schwanzspitze hat der Löwe ein Büschel schwarzer Haare. Darunter liegt ein stachelförmiges Stück horniger Haut. Dies ist der sogenannte „Löwenstachel". Es ist nicht bekannt, ob er dem Löwen irgendwie von Nutzen ist.

| **Wie jagt der Löwe seine Beute?** |

Die gewöhnlichen Beutetiere des Löwen sind Zebras und Antilopen. Er frißt aber auch jedes andere große und kleine Tier, das ihm in den Weg kommt; er frißt auch Aas, also verendete Tiere. Wenn der Löwe sich ein bestimmtes Tier aus einer Zebra- oder Antilopenherde gewählt hat, schleicht er sich vorsichtig an das begehrte Opfer heran. Da er im baumlosen Gebiet lebt, muß er schon aus großer Entfernung seine Beute beschleichen. Zunächst kriecht er flach geduckt und nutzt niedrige Büsche und andere natürliche Hindernisse als Deckung. Wenn er ungefähr 30 m von seiner Beute entfernt ist, springt er mit einigen Sätzen auf sein Opfer. Bei diesen Sprüngen kann der Löwe eine Geschwindigkeit von 70 km in der Stunde erreichen. Wenn die Antilope oder das Zebra den Löwen sofort erblicken, haben sie noch Aussicht, zu entkommen, denn Antilopen und Zebras laufen schneller als der Löwe, der die Geschwindigkeit, die er beim Ansprung hat, nur ganz kurze Zeit durchhalten kann. Manchmal scheuchen ein oder mehrere Löwen ein Tier mit Gebrüll und treiben es dorthin, wo andere Löwen auf der Lauer liegen.

Löwen leben in Rudeln zusammen. Ein Rudel kann aus mehr als zwanzig Löwen aller Altersstufen bestehen.

Eine Löwin wirft gewöhnlich vier Junge.

| **Wie sehen Löwenjunge aus?** |

Sie haben ungefähr die Größe einer Hauskatze und sind sechs Tage lang blind. Sie sind anfangs gestreift und gefleckt, doch verschwin-

we war lange Zeit ein Sinnbild für Kraft und Tapferkeit. Krieger, die tapfer und stark waren, wurden mit Löwen verglichen oder bekamen den Beinamen „der Löwe". Haile Selassie, Kaiser von Äthiopien, heißt noch heute mit Beinamen „Löwe von Juda".

Was ist ein Berglöwe?

Berglöwe ist nur einer der vielen Namen für eine amerikanische Großkatze, die auch Kuguar, Puma, Panther, Purpurpanther, Wildkatze, amerikanischer Löwe, Silberlöwe und brauner Tiger genannt wird. Kuguar, Berglöwe und Puma sind die richtigen Namen für dieses Tier; die anderen Namen werden nur in einzelnen Gegenden gebraucht.

Der Puma hat kräftige Muskeln; er ist sandfarben und hat keine Flecken oder Streifen. Er wird ungefähr 2 m lang, wobei der etwa 60 cm lange Schwanz mitgerechnet ist. Das Gewicht beträgt zwischen 160 und 280 Pfund. Es wurden aber auch schon Pumas von 320 Pfund angetroffen. Pumas sind sehr gute Kletterer. Sie können bis zu 6 m hoch springen. Und man hat einen Puma aus

det diese Zeichnung später. Die Löwin säugt ihre Jungen drei Monate; dann fangen sie an, Fleisch zu fressen. Aber erst wenn sie etwa ein Jahr alt sind, jagen sie selbst. Während dieser langen Zeit versorgt der Löwe die säugende Löwin und später die ganze Familie mit Fleisch.

Löwen in freier Wildbahn werden selten älter als 15 Jahre. Ein alter oder verkrüppelter Löwe kann zum „Menschenfresser" werden. In zoologischen Gärten, wo Löwen nicht um ihre Nahrung zu kämpfen brauchen und ein Tierarzt über ihre Gesundheit wacht, können sie auch älter als 20 Jahre werden.

In alten Zeiten sah man den Löwen als das stärkste aller Tiere an. Er schien keine Feinde zu kennen und war ein stattliches und würdig aussehendes Tier. Diese

Warum nennt man den Löwen den „König der Tiere"?

Eigenschaften wurden früher als königlich angesehen. Darum nannte man den Löwen den „König der Tiere". Der Lö-

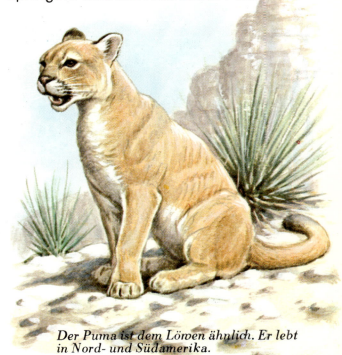

Der Puma ist dem Löwen ähnlich. Er lebt in Nord- und Südamerika.

Der Gepard, eine große Katze aus Afrika und Asien, ist das schnellste Landtier der Welt.

18 m Höhe herunterspringen sehen, ohne daß er sich verletzte. Sie können auf schmalen Felsgraten entlanggehen und von Grat zu Grat über die Schluchten springen.

Der Puma frißt vor allem Rotwild. Er hält auf diese Weise das Wild kurz, das sich sonst zu stark vermehren und zu großen Schaden anrichten würde. Wo es keine Hirsche oder Rehe gibt, jagt der Puma auch Kaninchen, Ratten, Fasanen, Waldhühner und sogar Mäuse. Leider greifen einige Pumas auch Viehherden an.

Greifen Pumas Menschen an?

Viele Geschichten über den Wilden Westen berichten von heldenhaften Jägern oder Trappern, die verzweifelt mit Pumas gekämpft haben sollen. Aber in Wirklichkeit flieht der Puma fast immer vor den Menschen. Nur ausnahmsweise hat er tatsächlich Menschen angegriffen. In einem Fall wollte die Pumamutter ihre Jungen schützen; in einem anderen trug der Angegriffene eine Jacke aus Rehleder und wurde wahrscheinlich von dem Puma für ein Wild gehalten. Ein andermal war der Puma verwundet und in die Enge getrieben worden. Pumas sind neugierig und streichen um Lager und einsame Häuser herum. Aber sie greifen den Menschen nur selten an, und man hat niemals von einem Puma gehört, der zu einem „Menschenfresser" geworden wäre wie Löwen, Tiger und Leoparden.

Warum wird der Pumavater vertrieben?

Das Pumaweibchen wirft gewöhnlich zwei oder drei Junge. Sie wiegen ungefähr je ein halbes Pfund und sind 20 cm lang. In den ersten acht oder neun Tagen sind die Jungen blind. Ihr Fell ist gefleckt, um den Schwanz ringeln sich Streifen. Diese Zeichnung verschwindet nach etwa sechs Monaten. Sobald die Jungen geboren sind, treibt die Mutter den Pumavater weg, denn er ist nicht abgeneigt, die eigenen Jungen zu fressen. – Der Puma wird ungefähr fünfzehn Jahre alt.

Welche Katze rennt am schnellsten?

Obwohl der Gepard zur Katzenfamilie gehört, sieht er einem Hund ähnlicher als einer Katze. Er hat lange, schlanke Beine und große, schmale Pfoten, und – wie der Hund – kann auch er nicht die Krallen in die Pfoten zurückziehen wie andere Katzen. Sein Körper ist schlank, aber sehr muskulös. Der lange Schwanz hilft ihm, wenn er in schnellem Lauf wendet. Das Fell ist sandfarben mit schwarzen Flecken. In Asien, wo die Geparde einst zahlreich lebten, sind sie fast ausgestorben. Am zahlreichsten sind sie heute in den afrikanischen Steppen.

Der Gepard kann länger und schneller laufen als jede andere Katze, und auf kurze Entfernung ist er schneller als jedes andere Tier. Auf einer Strecke von 500 m erreicht er eine Geschwindigkeit von 5 Sekunden auf 100 m.

In früheren Zeiten richteten die indischen Fürsten Geparde ab, auf Gazellen und Antilopen zu jagen. Die Tiere wurden in das Jagdgebiet gefahren; dabei trugen sie eine Kappe, die den ganzen Kopf verhüllte. Wenn die Kappe abgenommen wurde, drehte man den Kopf des Gepard in die Richtung einer Antilope oder Gazelle. Der Gepard schlicht sich dann bis auf ungefähr 400 Meter an das Tier heran und stürzte sich dann in rasendem Angriff auf das Beutetier. Aber Antilopen und Gazellen laufen auch sehr schnell, nur wenig langsamer als der Gepard, und wenn die gejagten Tiere den anschleichenden Gepard bemerkten, hatten sie gute Aussichten zu entkommen.

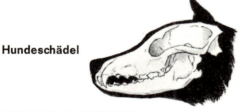

Hundeschädel

DIE HUNDEARTIGEN RAUBTIERE

Zu dieser Familie wilder Säugetiere gehören Kojoten, Wölfe, Schakale, wilde Hunde und Füchse, die alle im wesentlichen wie der Haushund aussehen. Die Ähnlichkeit beruht darauf, daß alle von gemeinsamen prähistorischen Vorfahren abstammen. Obwohl die hundeartigen Raubtiere im allgemeinen Fleischfresser sind, fressen einige auch Früchte und Pflanzen.

Wer gehört zu den hundeartigen Raubtieren?

Sie haben eine lange Schnauze und kräftige Kiefer. Außer den vier Eckzähnen, mit denen sie die Beute halten, besitzen sie breitflächige Backenzähne zum Zermalmen von Knochen und Schneidezähne zum Zerschneiden von Knorpeln und Sehnen. Die hundeartigen Raubtiere haben buschige Schwänze. Sie haben schlanke Beine und sind gute Läufer. Sie zählen nicht zu den schnellsten Tieren, entwickeln aber beim Laufen große Ausdauer. Die aufrechten Ohren können sie in die Richtung stellen, aus der ein Laut kommt. Ihr Sehvermögen ist gut, obwohl sie farbenblind sind. Aber am besten ihr ihr Geruchssinn entwickelt. Sie folgen einer Geruchsspur durch einen Wald mit derselben Sicherheit, wie ein Mensch sich am hellichten Tage auf einer breiten Straße bewegt.

Die hundeartigen Raubtiere haben recht scharfe Krallen, die aber immer herausgestreckt sind und nicht, wie bei den Katzen, zurückgezogen werden können. Du hast sicher schon einmal bemerkt, wie die Krallen eines Hundes auf dem Fußboden klicken; bei einer Katze hört man das niemals. Diese Raubtiere schwitzen aus Drüsen, die sich auf ihrer Zunge befinden. Wenn diese Tiere erhitzt sind, hängt ihnen die Zunge heraus und der Schweiß läuft herunter.

Sind Kojoten schädliche Tiere?

Seit der Zeit, als die amerikanischen Einwanderer ihre Herden nach Westen über den Mississippi trieben, ist der Kojote – der Steppenwolf – ein verhaßtes Tier. Man merkte bald, daß er Schafe, Ziegen, Gänse und Hühner anfiel. Die starken Verluste an Vieh, die er verursachte, führten dazu, daß er heute kurzgehalten wird. Aber Kojoten vertilgen auch große Mengen schädlicher Nagetiere,

15

und zwar so viele, daß niemand genau sagen kann, ob er mehr Schaden als Nutzen stiftet. Im Westen der USA war einmal die Jagd auf die Kojoten so erfolgreich, daß sie fast ausgerottet waren. Aber in den nächsten Jahren verursachten Präriehunde (kleine Erdhörnchen) einen so großen Schaden, daß man die Kojoten schonte, bis sie ihre frühere Zahl fast wieder erreicht hatten. Früher war der Kojote nur in den mittleren und westlichen Staaten der USA heimisch. Da er aber in seiner Heimat dauernd verfolgt wurde, wanderte er auch in die östlichen Staaten und nach Kanada.

Der Kojote ist ein schlankes, hübsches Tier von ungefähr 1,20 m Länge. Ein Drittel seiner Länge macht ein buschiger Schwanz aus, der eine schwarze Spitze hat. Das Tier hat gut einen halben Meter Schulterhöhe und wiegt zwischen 20 und 30 Pfund. Das Fell ist grau mit langen, weichen Haaren, die an der Bauchseite weiß sind.

Der Kojote ist ein sehr schlaues Tier. Die Mexikaner halten so viel von seiner Intelligenz, daß sie von einem Mann, den sie als besonders listig bezeichnen wollen, sagen, er sei „muy coyote" – wie ein Kojote. Auf ihrer Wanderung in die östlichen Staaten der USA haben sich die Kojoten den Lebensbedingungen angepaßt, die sich in dichtbevölkerten Gebieten für sie ergeben: sie fressen hier sogar Pflanzen und Abfall. Ein Beamter der Forstverwaltung hat behauptet, daß Kojoten die besten Wassermelonen auf einem Beet erkennen könnten. Manch-

> Warum stellt der Kojote sich tot?

Die Abbildungen zeigen einige der wichtigsten Vertreter der hundeartigen Raubtiere (Canidae).

mal stellt sich ein Kojote tot, um Vögel zu fangen.

Kojoten greifen niemals Menschen an; fängt man sie jung, kann man sie leicht zähmen. Die Indianer sagen von den Kojoten, sie seien so schlau, daß sie die letzten lebenden Wesen auf Erden sein werden.

Rotfüchsin mit vier Jungen vor ihrem Bau.

Was ist ein Wolfsrudel?

Wölfe sind große, starke, dem Hunde ähnliche Tiere mit einem weichen und langhaarigen Fell. Diese hundeartigen Raubtiere haben einen buschigen Schwanz, sind viel schwerer gebaut als Kojoten und haben stumpfere Schnauzen. Ihr Gewicht beträgt rund 135 Pfund; kanadische Grauwölfe können 150 Pfund wiegen. Der große Grauwolf hat eine Schulterhöhe von 90 cm und mißt in der Länge 1,65 m einschließlich des 90 cm langen Schwanzes. Wenn es kalt ist, rollt sich der Wolf zum Schlafen zusammen und deckt die Schnauze mit seinem buschigen Schwanz zu.

Die Beutetiere des Wolfes sind Rotwild, Antilopen, Kaninchen, Vögel, die auf dem Boden nisten, und Mäuse. Der Wolf frißt auch Aas. Im hohen Norden jagen die Wölfe Rentiere, manchmal auch Elche und Moschusochsen. Wölfe können nicht sehr schnell laufen und sind gewöhnlich langsamer als die Tiere, die sie jagen. Sie haben jedoch eine ungewöhnliche Ausdauer und können stundenlang in gleichem Tempo dahintraben. Ein Wolfsrudel, das ein großes Tier erlegen will, jagt es, bis das Opfer erschöpft ist; dann kreisen die Wölfe es ein. Nun springt der Leitwolf das Tier von der Seite an und bringt es zu Fall.

In vielen Geschichten liest man von riesigen Wolfsrudeln, die ganze Armeen beunruhigt und Städte belagert haben. Das gewöhnliche Rudel besteht aus einer einzelnen Familie von Eltern und ihren Jungen. Manchmal vereinigen sich zwei Familien zu gemeinsamer Jagd, aber nur sehr selten besteht ein Rudel aus mehr als zwölf Wölfen. Manchmal tun sich auch junge Wölfe zusammen, meistens ein- und zweijährige, und jagen dann gemeinsam in Gruppen, die man Junggesellenrudel nennt. Aber auch zu diesen Rudeln gehören nur wenige Wölfe.

Greifen Wölfe den Menschen an?

In neuerer Zeit ist wenig über Angriffe von Wölfen auf Menschen bekannt geworden. Tollwütige Wölfe allerdings und Wölfe, die in der Falle sind und versuchen freizukommen, haben schon Menschen angegriffen; aber solche Fälle sind selten. Erzählungen von Wölfen, die Menschen angriffen, haben selten sorgfältiger Nachprüfung standgehalten. Wenn wirklich Angriffe stattgefunden haben, galten sie wohl den Pferden, die die Schlitten zogen, in denen die Erzähler saßen.

Warum gelten die Hyänen als feige?

Hyänen durchstreifen die Steppen Afrikas, des Mittleren Ostens und Indiens auf der Suche nach Tierkadavern. Sie haben außerordentlich starke Zähne und kräftige Kiefer, mit denen sie auch die Knochen größerer Tiere, wie die von Zebras und Büffeln, zerkleinern können. Trotz dieser

17

Bärenfährte

starken Waffe vermeidet die Hyäne den Kampf mit anderen Tieren. Selbst wenn sie in die Enge getrieben ist, versucht sie lieber zu entkommen als zu kämpfen. Manchmal stellt sie sich auch tot und flieht, wenn die Aufmerksamkeit des Angreifers nachläßt.

Viele bezeichnen die Hyäne wegen dieser Eigenschaften als feige; aber solche Urteile sind sinnlos, denn Stolz, Tapferkeit und Mut sind menschliche Eigenschaften, und wir können eine Hyäne nicht nach menschlichen Maßstäben messen. Sich einer drohenden Gefahr durch die Flucht entziehen oder sich tot stellen – das sind Verhaltensweisen, die die Natur der Hyäne gegeben hat.

Die Hyäne hat einen plumpen Kopf mit hervorquellenden Augen und Stummelohren. Ihr dicker Hals mit der dünnen Mähne steifer Haare und ihr graues Fell mit den braunen und schwarzen Flecken machen die Hyäne zu einem schäbig aussehenden, häßlichen Tier. Hinzu kommen ein herabhängender Bauch und Hinterbeine, die kürzer sind als die Vorderbeine, so daß der Körper der Hyäne von den Schultern nach dem kurzen Schwanz zu abfällt.

Das Geheul der Hyäne ist schaurig.

Können Hyänen lachen?

Gewöhnlich beginnt es tief und traurig und steigert sich zu schrillem Geschrei. Sie kann bellen und brummen und das Gebrüll des Löwen nachmachen. Wenn sie ein totes Tier findet, stößt sie einen unheimlichen Schrei aus, der wie das Gelächter eines Irrsinnigen klingt. Dieser Schrei hat ihr den Beinamen „Lachende Hyäne" eingebracht.

BÄREN

Bären sind Bewohner der nördlichen

Was fressen Bären?

Halbkugel. Nur eine einzige Art, der schwarze Andenbär, lebt südlich des Äquators. In Afrika und Australien gibt es keine Bären. Die meisten Bären findet man in den nördlichen und westlichen Teilen Nordamerikas und in Nordostasien.

Die Zähne des Bären gleichen denen der hundeartigen Raubtiere. Sie sind geeignet, Fleisch und Knochen zu zerbeißen; aber nur eine einzige Bärenart lebt ausschließlich von Fleisch. Bären sind Alles- oder Gemischtfresser (Omnivoren); sie fressen sowohl Tiere als auch Pflanzen. Neben gelegentlicher Fleischnahrung – Mäuse, andere kleine Tiere und auch Aas – fressen die Bären Gras, Nüsse, Früchte, Wurzeln, Honig, Insekten und Eier.

Bären sind sehr kräftig gebaut und gehören zu den stärksten Tieren ihrer Größe. Mit ihren Zähnen und ihren langen, scharfen, gekrümmten Krallen brauchen sie keine anderen Tiere zu fürchten. Der Himalajabär vertreibt sogar den Tiger von seiner Beute.

Wenn man einmal Bären mit Hunden

Sind die Bären mit den Hunden verwandt?

vergleicht, wird man schnell den Unterschied zwischen beiden Tierarten sehen. Bären haben dicke, schwere Beine und schlurfen in rollender Gangart auf der ganzen Fußsohle dahin. Hunde laufen schnell auf schlanken Beinen. Bären sind dick und schwer, Hunde sind schlank. Bären haben Stummelschwänze, die meisten Hunde haben lange und buschige Schwänze.

Du hast aber sicher auch die Ähnlichkeiten zwischen Hund und Bär bemerkt.

Ihre Köpfe ähneln einander; das Fell des Bären ist lang und weich, wie das Fell der hundeartigen Raubtiere, die im gleichen Klima leben wie die Bären. Beide haben Krallen, die immer ausgestreckt außerhalb der Pfoten liegen. Wenn man diese Ähnlichkeiten betrachtet, wird man nicht überrascht darüber sein, daß die Bären tatsächlich die nächsten Verwandten der Hunde sind. Sie haben beide einen gemeinsamen Vorfahren, der vor vielen Millionen Jahren lebte. Von diesem „Bären-Hund" stammen alle Arten von Bären und Hunden, die wir heute kennen.

Im Herbst ist der Bär, der große Men-

| Wie sehen Bärenjunge aus? |

gen von Eicheln, Nüssen und Beeren vertilgt hat, sehr fett geworden. Dann zieht er sich in eine Höhle oder einen geschützten Platz unter Felsen zurück und beginnt zu schlafen. Er schläft bei kaltem Wetter den ganzen Winter über. Nur an wärmeren Wintertagen wacht er zuweilen auf und verläßt für kurze Zeit die Höhle. Erst im Frühling erwacht der Bär endgültig aus seinem langen Winterschlaf.

Gegen Ende des Winterschlafes werden die Bärenjungen geboren. Sie wiegen zwischen 180 und 360 g; die Bärenmutter selbst wiegt mehr als 500 kg! Neugeborene Junge haben noch keinen Pelz und auch noch keine Zähne; sie sind im ersten Monat blind. In den ersten 45 Tagen saugen die Jungen und schlafen, an ihre gleichfalls schlafende Mutter gedrängt. Im zeitigen Frühling, wenn jedes etwa dreiein-

halb Pfund wiegt, nimmt die Bärenmutter sie auf und trägt sie aus der Höhle ins Freie. Sie nährt und schützt sie, und im Herbst wiegen die Jungen ungefähr 35 Pfund. Sie verbringen den folgenden Winter zusammen mit ihrer Mutter in einer Höhle oder in einer eigenen Höhle in der Nähe. Mit zwei Jahren machen sie sich dann selbständig.

Bären scheinen auf den ersten Blick

| Sind Bären gefährlich? |

gutmütige Tiere zu sein; aber es gibt viele Fälle, in denen sie Menschen angegriffen haben. Sollte man einmal zwischen eine Bärenmutter und ihre Jungen geraten, so darf man ziemlich sicher annehmen, daß der Bär angreifen wird. Grausamkeiten und schlechte Behandlung durch gedankenlose Menschen haben Bären in Gefangenschaft oft dazu gebracht, Menschen anzufallen. Bären in freier Wildbahn sind unberechenbar; sie können ohne ersichtlichen Grund plötzlich ihre „Gutmütigkeit" verlieren und Menschen angreifen. Wenn Bären angreifen, schlagen sie mit ihren schweren Prarken und beißen mit ihren gewaltigen Zähnen. Es wird erzählt, daß Bären ihr Opfer töteten, indem sie es umfaßten und erdrückten; solche Geschichten sind jedoch nicht erwiesen.

Der männliche Polarbär wiegt im

| Was nützt dem Polarbär das weiße Fell? |

Durchschnitt 500 kg, hat eine Schulterhöhe von gut 1,20 m und ist etwa 2,50 m lang. Das weibliche Tier ist etwas kleiner. Während die Bären gewöhnlich kurzsichtig sind, hat der Polarbär scharfe Augen und, wie andere Bären auch, einen sehr feinen Geruchssinn. Da es an der Küste der Ark-

19

Wie alle Jungtiere spielen auch Bärenkinder gern.

tis, wo er zu Hause ist, weder Büsche noch Bäume gibt, muß er in offenem Gelände seine Beute beschleichen. Der riesige Bär preßt sich dabei flach auf das Eis und nimmt hinter jedem Eishöcker und in jeder kleinen Vertiefung Deckung, während er langsam an die Robbe oder das junge Walroß herankriecht, die seine Hauptnahrung bilden. Sein weißes Fell macht ihn im Eis und im Schnee fast unsichtbar. Die Speisekarte eines Polarbären umfaßt aber noch weitere Tiere: Rentiere, Fische, Vögel, Muscheln und Eisfüchse. Er frißt sogar Seetang, und im Sommer verläßt er oft die Küste und wandert ins Innere, wo er Gras und andere Pflanzen findet. Ein gut genährter, satter Polarbär greift keine Menschen an.

Der größte Bär der Welt ist der Kodiakbär. In freier Wildbahn kann er eine Länge von 2,75 m erreichen. Er wiegt mehr als 750 Kilogramm. Diese gelblich-braunen Tiere leben auf den Inseln und an der Küste zwischen Alaska und Britisch-Kolumbien.

Welcher Bär ist der größte?

Der Kodiakbär lebt nur gelegentlich von Fleisch. Er ist vor allem Pflanzenfresser, und man kann ihn zuweilen wie ein Rind grasen sehen. Auch Insekten, Wurzeln und Mäuse zählen zu seiner Nahrung, und auch Fische verschmäht er nicht. Im späten Frühjahr wandern die Lachse die Flüsse des Nordens hinauf; sie laichen und gehen danach zugrunde. Die Kodiakbären und ihre Vettern, der Riesenbär und der Braunbär aus Alaska, halten dann reichen Tisch an den sterbenden Fischen.

Manche Fachleute glauben, daß die reichliche Fischnahrung der Grund für die außergewöhnliche Größe dieser Bären ist.

Polarbär mit Jungtier

Schwarzbär

Insektenfresser

Die Mitglieder dieser Ordnung der Säugetiere leben vor allem von Insekten. Einige fressen auch Fleisch und wieder andere nähren sich von Pflanzen. Die meisten Insektenfresser (Insektivoren) sind kleine Pelztiere, die man leicht für Mäuse oder Ratten halten kann. Sie gehören zu einer sehr alten Gruppe der Tierwelt. Schon vor vielen Millionen Jahren, als noch riesige Dinosaurier das Land durchstreiften, waren winzige Insektenfresser auf der Jagd nach Insekten. Seit der Zeit haben sie sich nur wenig verändert. Ihr Gehirn hat nicht die Windungen, die das Gehirn der meisten Säugetiere aufweist. Die Zähne ähneln sich sehr, und die Tiere haben immer großen Appetit. Insektenfresser leben ein kurzes aber intensives Leben. Sie schlafen wenig und sind dem Kampfe nicht abgeneigt.

Ein plötzlicher Schreck kann diese nervösen, kleinen Tiere leicht töten. Igel, Maulwürfe und Spitzmäuse sind drei bekannte Arten von Insektenfressern.

Die kleinsten Säugetiere sind die Spitzmäuse, von denen wieder die Etruskische Spitzmaus der Mittelmeerländer die kleinste ist. Der Körper dieses kleinen Tieres mißt nicht einmal ganz 4 cm, und sein Schwanz ist etwas weniger als 3 cm lang. Es wiegt etwa soviel wie ein halber Teelöffel voll Wasser. Die bekannteste Spitzmaus Nordamerikas ist die aschgraue oder maskierte Spitzmaus, die das Gewicht eines Teelöffels voll Wasser hat. Sie verbringt ihr Leben unter Blättern und in Gängen, die sie sich unter der Erde gräbt. Ihre neugeborenen Jungen sind kleiner als Bienen. Wenn dies kleine Tier aufgeregt ist, schlägt sein Herz 1200mal in der Minute!

> Können Tiere aus Furcht sterben?

> Welches ist das kleinste Säugetier der Welt?

Grizzly-Bär
Lippenbär
Malaienbär
Kodiakbär

In Afrika lebt die Panzerspitzmaus. Sie ist eine Riesen-Spitzmaus; sie wird fast 22 cm lang, einschließlich des 3½ cm langen Schwanzes. Ihre Wirbelsäule hat mehr als doppelt so viele Wirbel wie die Wirbelsäule anderer Spitzmäuse. Diese Wirbel sind sehr groß und sehr fest miteinander verbunden. Daher kommt es, daß diese Spitzmaus schwere Gewichte tragen kann, wie zum Beispiel die Steine, unter denen sie ihre Gänge gräbt. Afrikanische Eingeborene zeigen die Kraft dieser Spitzmaus, indem sie sich auf das Tier stellen. Es hält das Gewicht eines Mannes von 145 Pfund aus, ohne Schaden zu nehmen.

> **Welche Spitzmaus kann einen Mann auf dem Rücken tragen?**

Der Maulwurf gehört zu den Insektenfressern; er lebt unter der Erde. Auf einem walzenförmigen Körper hat er einen spitzen Kopf ohne erkennbaren Hals. Er hat kurze, kräftige Vorderbeine, die mit großen Krallen ausgerüstet sind; sie machen es dem Maulwurf möglich, sich mit einer Geschwindigkeit von 4½ m in der Stunde durch die Erde zu graben. Das Tier ist ungefähr 15 cm lang, einschließlich eines Schwanzes von 2,5 cm. Maulwürfe sind zwar nicht blind, wie man gewöhnlich annimmt, aber auch nicht sehr empfindlich gegen Licht; ihre kleinen Augen liegen fast im Fell verborgen. Das Hauptsinnesorgan ist eine sehr empfindliche Nase, mit der er die Beute durch Erdschichten wittert.

> **Was ist ein Maulwurfshügel?**

Auch sein Gehör und sein Tastgefühl sind ausgezeichnet; und er findet sich damit in der unterirdischen Welt ebenso gut zurecht wie andere Raubtiere über der Erde, die ihre Augen gebrauchen. Der Maulwurf gräbt seine Gänge hauptsächlich auf der Suche nach seiner Hauptnahrung – den Regenwürmern, die er der Länge nach wie Makkaroni in sich hineinschlingt. Das Tunnelgraben ist eine schwere Arbeit, und um genug Energie zu haben, muß der Maulwurf innerhalb von 24 Stunden sein eigenes Gewicht an Insekten und Regenwürmern fressen. Ohne Nahrung würde er nach 10 Stunden sterben. Wahrscheinlich arbeitet kein anderes Tier so hart für seine Nahrung wie er.

Um seinen Tunnel graben zu können, muß der Maulwurf die abgegrabene Erde loswerden. Er stößt deshalb von Zeit zu Zeit durch die Erdoberfläche hindurch und wirft Erde hinaus. Die ausgeworfene Erde bildet dann den Maulwurfshügel.

Schädel eines Insektenfressers

Etruskische Spitzmaus

Elefantenspitzmaus

Die Größe der etruskischen Spitzmaus, des kleinsten bekannten Säugetieres, erkennt man am besten durch Vergleich mit der pfenniggroßen Münze. (Der Vergleich gilt nur für diese Spitzmaus.)

Längs- und Querschnitt durch einen Maulwurfshügel mit seinen Gängen. Unten: Der Maulwurf, der Baumeister des Maulwurfhügels.

Häßliche Maulwurfshügel auf Rasenflächen haben den Maulwurf unbeliebt gemacht. In der Landwirtschaft aber spielt er eine wichtige Rolle bei der Gesunderhaltung des Bodens. Niedrig gelegene Flächen, auf denen sich das Regenwasser sammelt und den Boden sauer werden läßt, werden durch die vom Maulwurf gegrabenen Gänge entwässert, so daß der Boden trocknen kann. Die Maulwurfsgänge sorgen auch dafür, daß das Regenwasser rascher einsickert und die Muttererde nicht wegschwemmt. Außerdem bereichert die ausgeworfene Erde den Mutterboden, denn sie ist mit verwesten Pflanzenresten durchsetzt und darum sehr fruchtbar.

Maulwürfe gibt es nur in den gemäßigten Zonen der nördlichen Halbkugel. In der Arktis gefriert der Boden zu tief, um dem Maulwurf noch eine Lebensmöglichkeit zu bieten, während der Boden in den Tropen so stark austrocknet, daß die vom Maulwurf benötigten Insekten und Regenwürmer nicht darin leben können.

Hilft der Maulwurf dem Menschen?

Wie kann man einen Maulwurf bei der Arbeit beobachten?

Baue einen Behälter mit einem hölzernen Boden von 12 bis 15 cm Breite. Setze an den Längsseiten Glasscheiben ein, die etwa 1 m lang und 30 cm hoch sind. Für die Kopfseiten kannst du Holzbretter nehmen. Dann fülle den Behälter mit Gartenerde bis ungefähr 5 cm unterhalb des oberen Randes und bedecke ihn mit Maschendraht. Sammle nun recht viele Regenwürmer, Larven, Raupen (denk daran, daß ein Maulwurf jeden Tag sein eigenes Gewicht an Nahrung braucht). Setze sie in den Behälter und laß ihnen Zeit, sich einzugraben. Fang dann einen Maulwurf, indem du vorsichtig einen Maulwurfsgang aufgräbst, dessen Richtung du nach den Maulwurfshügeln feststellen kannst. Setze dann den Maulwurf in den Behälter und bedecke die Seiten mit schwarzem Papier.

Wenn der Maulwurf eine Zeitlang im Behälter ist, nimm das Papier weg, und du kannst den Maulwurf bei der Arbeit sehen. Wenn du das Tier ein paar Minuten beobachtet hast, tu das Papier wieder vor die Scheiben. Nach ein paar Stunden mußt du den Maulwurf aber wieder in Freiheit setzen, denn im Behälter wird er nicht lange leben.

Federschwänzige Baumspitzmaus

Großohr-Igel

Nagetiere

Schädel eines Nagetieres

Baumstachelschwein

Hase

Eichhörnchen

Heuschreckenmaus

Präriehund

Die Gruppe der Nagetiere hat mehr Mitglieder als irgendeine andere Säugetiergruppe. Zu ihr gehören Mäuse, Ratten, Eichhörnchen, Biber, Stachelschweine, Meerschweinchen, Präriehunde (Erdhörnchen), Chinchillas, Kaninchen und Hasen.

Die beiden Vorderzähne im Ober- und Unterkiefer der Nagetiere sind lang, flach und scharf. An der Innenseite haben diese Zähne keinen Schmelz und nutzen sich ständig ab, so daß sie stets scharfe, meißelähnliche Kanten haben. Die Zähne wachsen beständig nach.

Der Biber ist ein größeres Nagetier mit weichem, dickem, braunem Fell; er wiegt etwa 30 Pfund. Das Tier ist ungefähr 75 cm lang und hat einen flachen, schuppigen Schwanz von etwa 25 cm Länge.

Welche Tiere sind als „Baumeister" bekannt?

Biber sind ausgezeichnete Schwimmer. Aus Ästen und Zweigen errichten sie in Seen und Flüssen ihre Bauten, die sie mit Lehm überziehen. Zum Schutz gegen Feinde auf dem Lande haben die Wohnungen einen Unterwassereingang. Der Hauptraum des Baues befindet sich jedoch oberhalb der Wasserfläche. Ist ein Fluß nicht tief genug, um den Unterwassereingang zu bedecken, so erhöhen die Biber den Wasserspiegel, indem sie den Fluß stauen. Den Damm bauen sie aus Baumstämmen, Ästen, Steinen und Lehm. Die Biber fällen Bäume, indem sie die Stämme durchnagen. Wenn die gefällten Bäume zu weit vom Wasser entfernt sind, graben die Biber einen Kanal von den Bäumen zum Fluß. Sie flößen dann die Baumstämme zum Damm, anstatt sie über Land zu schleppen. Man sieht, wie klug und geschickt die Biber sind, die man mit Recht die Baumeister der Tierwelt nennt.

Der Querschnitt durch einen Biberbau zeigt die geschickte Anlage des Baues.

Die Vorderzähne des Bibers mit ihrer meißelähnlichen Schneide dienen als Werkzeuge zum Bäumefällen.

Schädel eines zahnlosen Säugetieres

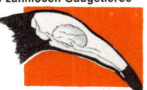

Zahnlose Säugetiere

Das Gürteltier gehört zu den zahnlosen Säugetieren. Man findet es im tropischen Südamerika, in Mittelamerika und im Süden der Vereinigten Staaten. Der Körper des Gürteltieres ist durch einen Panzer aus knöchernen Platten geschützt. Wenn es angegriffen wird, zieht es den Kopf und die Beine unter seinen Panzer zurück und rollt sich zu einer Kugel zusammen. Natürlich können einige große Raubtiere auch diese Schutzhülle mit ihren Pfoten zertrümmern, aber gegen viele Feinde des Gürteltieres bietet der Panzer ausreichenden Schutz.

Gürteltiere können sich mit Hilfe ihrer kräftigen Krallen sehr schnell in die Erde eingraben. Sie nähren sich von Ameisen, Termiten und andere Insekten, die sie mit ihrer langen, klebrigen Zunge fangen.

> Warum rollt sich das Gürteltier zu einer Kugel zusammen?

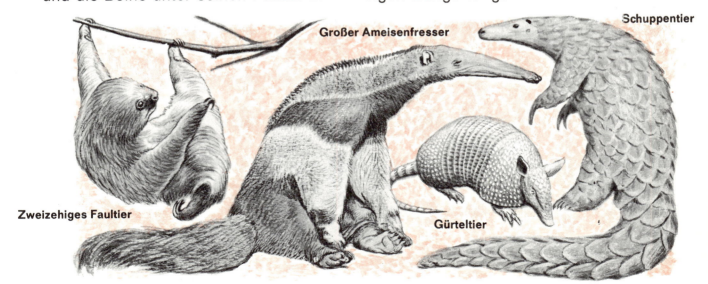

Zweizehiges Faultier · Großer Ameisenfresser · Gürteltier · Schuppentier

Das größte Gürteltier ist etwa 90 cm lang, das kleinste 10 cm. Viele Menschen essen das Fleisch dieser Tiere, und die Indianer machten gern Körbe aus dem zähen Panzer.

Obgleich das Gürteltier zur Gruppe der sogenannten zahnlosen Säugetiere gehört, hat es doch einige kleine Bakkenzähne, die für das Tier jedoch kaum von Nutzen sind.

Zu den zahnlosen Säugetieren gehören auch die Ameisenfresser, von denen der Große Ameisenbär der größte ist. Der Kleine Ameisenfresser oder Tamandua ist der kleinste dieser Gruppe.

Schuppentier, Ameisenigel und Erdferkel sind ebenfalls bekannte Ameisenfresser, doch ist das Erdferkel mit den übrigen nicht richtig verwandt.

Der Elefant

Der Elefant ist das größte und mächtigste aller auf dem Lande lebenden Tiere. Er kann bis zu 4 m groß werden und 6 t wiegen. Elefanten gehören zu den intelligentesten Tieren. Sie lernen leicht verschiedene Arbeiten ausführen, ebenso wie sie schnell Zirkuskunststücke erlernen; anderen Geschöpfen gegenüber benehmen sie sich rücksichtsvoll.

Eines der interessantesten Merkmale

Wozu hat der Elefant die Stoßzähne?

des Elefanten sind seine Stoßzähne. Die Stoßzähne sind eigentlich zwei Zähne des Oberkiefers, die größer und nach außen gewachsen sind. Wilde Elefanten gebrauchen ihre Stoßzähne als sehr wirkungsvolle Waffe; zahme Elefanten tragen schwere Lasten damit, zum Beispiel Balken. Die Stoßzähne bestehen aus Elfenbein, einem von alters her sehr geschätzten Material. Man schnitzt daraus Kunstgegenstände, und die Industrie stellt Auflageplatten für Klaviertasten daraus her. Leider besteht die Gefahr, daß die wilden Elefanten durch die Schuld der Elfenbeinjäger aussterben. Ein einzelner Stoßzahn wiegt im Durchschnitt

50 Pfund; es gibt aber auch noch schwerere.

Das Auffallendste an einem Elefanten ist wohl sein Rüssel. Dieser lange, biegsame Körperteil ist eigentlich die verlängerte Nase und Oberlippe des Elefanten. Der Elefant benutzt den Rüssel als Arm und Hand und kann damit Gegenstände vom Boden aufnehmen. Der Elefant nimmt zum Beispiel Nahrung zu sich, indem er große Bündel von Zweigen und Blättern mit dem Rüssel ins Maul schiebt. Der Rüssel ist auf der Außenseite durch eine dicke Haut geschützt; die Innenseite ist dagegen sehr empfindlich. Der Rüssel hat mehr als vierzigtausend Muskeln. Hat der Elefant Durst, so saugt er einen Rüssel voll Wasser auf und spritzt das Wasser ins Maul. Durch den Rüssel trinkt er nicht.

Es gibt zwei Arten von Elefanten – den Indischen und den

Welche Arten von Elefanten gibt es?

Afrikanischen. Der afrikanische Buschelefant ist der größere. Er hat eine Schulterhöhe

von etwa 3,40 Metern, wiegt ungefähr 5 t und ist dunkler als sein indischer Vetter. Er hat auch größere Ohren und

26

Afrikanischer Elefant

eine mehr abfallende Stirn. Er liebt den Schatten und lebt deshalb im dichten Busch oder in Wäldern. Das riesige Tier gebraucht seine gewaltigen Ohren, die fast einen Meter breit sind, als Fächer. Elefanten haben ein gutes Gehör, aber ihr Geruchssinn ist wahrscheinlich der schärfste von allen Tieren.

Neben dem afrikanischen Buschelefanten gibt es noch den Westafrikanischen Zwergelefanten. Er sieht seinem größeren Vetter sehr ähnlich, hat aber nur eine Schulterhöhe von 1,50 bis 2,10 m.

Der Indische Elefant ist kleiner als der Buschelefant. Er ist durchschnittlich 2,80 m groß und wiegt 3,5 t. Der Indische Elefant läßt sich leichter zähmen und abrichten als sein afrikanischer Vetter, und jahrhundertelang hat er schwere Arbeiten für die Völker Südasiens verrichtet. Zum Schlafen legt er sich gewöhnlich nieder, während der Afrikanische Elefant meistens im Stehen schläft.

Gibt es Elefantenfriedhöfe?

Seit langen Zeiten schon erzählt man Geschichten über Elefantenfriedhöfe in Afrika und Indien. Nach diesen Geschichten sollen Elefanten ahnen, wenn ihr Tod naht. Sie marschieren dann Tag und Nacht zu einem bestimmten Platz und erwarten den Tod. Man erzählt sich, daß der glückliche Entdecker eines solchen Elefantenfriedhofes durch riesige Mengen von Elefantenzähnen belohnt wurde. Sind diese Geschichten wahr?

Wenn Elefanten alt werden, suchen sie höher gelegene Flußtäler auf, wo es genügend Nahrung für sie gibt. Sterben sie dort, so werden sie von Geiern und Raubtieren gefressen, bis nur noch Knochen übrig sind. Starke Frühjahrsregen können dann die Knochen gemeinsam in eine Schlucht waschen. Hier werden sie gefunden – und die Friedhofslegende ist fertig!

Fliegende Säugetiere

Vampir

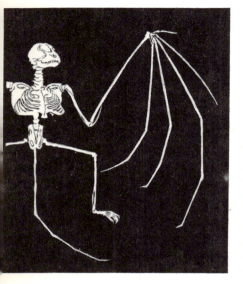

Das Skelett einer Fledermaus zeigt die langen Flügel-Knochen, die sich mit den Fingern der menschlichen Hand vergleichen lassen.

Welches Säugetier hat Flügel?

Die Fledermaus ist das einzige Säugetier, das Flügel hat. Ihre Flügel bestehen aus einer Flughaut und werden von den Knochen der Gliedmaßen gestützt. Die Flughaut ist von den Schultern an bis zum unteren Teil der Hintergliedmaßen mit dem Körper verbunden. Nur der Daumen einer Fledermaus liegt frei; er trägt eine hakenartige Kralle, mit der sich das Tier an Zweige und Äste hängt, wenn es ruhen will. Fledermäuse gibt es in vielen Größen, von den Fleder- oder Flughunden, die eine Körperlänge von 40 cm und 150 cm Spannweite haben, bis zu Arten von nur 2 cm Länge.

Es gibt mehr als tausend Arten von Fledermäusen. Man unterscheidet Fruchtfresser und Insektenfresser. Fledermäuse ernähren sich auch von kleinen Fischen und Krebsen, Nektarhonig und Blut. Sie trinken, indem sie ganz dicht über der Oberfläche eines Gewässers fliegen.

Sind Fledermäuse blind?

Fledermäuse sind keineswegs blind, wie man oft glaubt. Einige haben gute Augen, die im dichten Fell verborgen sind. Aber jahrhundertelang haben die Menschen nicht begreifen können, warum Fledermäuse so ausgezeichnete Nachtjäger sind. Sie fliegen durch die Zweige der Bäume, ohne selbst in tiefster Dunkelheit jemals einen Zweig auch nur zu streifen. Im 18. Jahrhundert machte ein italienischer Wissenschaftler, Spallanzani, einen Versuch, indem er mehreren Fledermäusen die Augen mit einer Binde bedeckte. Er entdeckte, daß diese Fledermäuse genauso gut fliegen konnten wie die Fledermäuse ohne Binde. Ihre Flugsicherheit konnte also nicht mit den Augen der Fledermaus zusammenhängen. Wie kommt es also, daß diese Tiere bei völliger Dunkelheit fliegen können?

Was ist das „Radar" der Fledermäuse?

Die Antwort erhielten wir vor nicht allzu vielen Jahren. Man entdeckte, daß die Fledermäuse sich mit Hilfe einer Art natürlichen Radarsystems orientieren. Beim Radar treffen die Wellen, die von einer Station ausgesandt werden, irgendeinen Gegenstand – ein Flugzeug zum Beispiel – und werden zur Radarstation zurück-

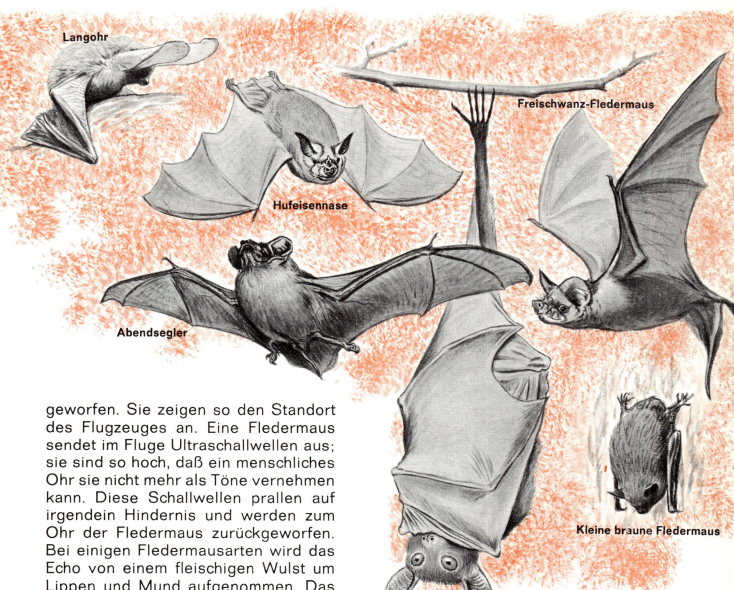

geworfen. Sie zeigen so den Standort des Flugzeuges an. Eine Fledermaus sendet im Fluge Ultraschallwellen aus; sie sind so hoch, daß ein menschliches Ohr sie nicht mehr als Töne vernehmen kann. Diese Schallwellen prallen auf irgendein Hindernis und werden zum Ohr der Fledermaus zurückgeworfen. Bei einigen Fledermausarten wird das Echo von einem fleischigen Wulst um Lippen und Mund aufgenommen. Das Tier nimmt so die Gegenstände auf seiner Flugbahn wahr. Diese Überschalllaute, welche die Fledermäuse bei ihrem „Radar" ausstoßen, darfst du nicht mit den schrillen Schreien verwechseln, die du vielleicht schon einmal von Fledermäusen gehört hast. Der „Radar"-Laut ist ein ständiges Summen.

Fledermäuse folgen manchmal dem Menschen, wenn er abends durch die Dunkelheit geht. Wenn du abends spazieren gehst und eine oder zwei Fledermäuse flattern dir um den Kopf, so handelt es sich wahrscheinlich um die kleine, braune oder mausohrige Fledermaus: sie jagt nach den Insekten, die um dich herumschwirren. Sie versuchen keinesfalls, in deine Haare zu kommen, wie manche unwissende Leute glauben. Die kleine, braune Fledermaus muß jede Nacht die Hälfte ihres Gewichtes an Insekten verzehren, um nicht zu verhungern. Die allermeisten Fledermäuse sind sehr nützlich, weil sie große Mengen von Insekten vertilgen.

> Warum folgen Fledermäuse manchmal dem Menschen?

29

Was sind Vampire?

Vampire sind Fledermäuse, die in den tropischen Gebieten Nord- und Südamerikas leben und sich vom Blut von Säugetieren, auch des Menschen, nähren. So ein Vampir wird 7 bis 8 cm lang und hat messerscharfe Schneidezähne. Der Blutverlust ist bei einem Biß zwar nur gering, und die Bißwunde heilt schnell. Andererseits können aber durch den Vampirbiß Krankheiten, zum Beispiel die Tollwut, übertragen werden, so daß Menschen und Tiere gefährdet sind.

Eierlegende Säugetiere

Welche Säugetiere legen Eier?

Wir haben schon gehört, daß alle Säugetiere, bis auf eine einzige Art, lebende Junge zur Welt bringen. Diese besondere Art hat nur zwei Vertreter: den Ameisenigel und das Schnabeltier. Beide Tiere legen Eier, aus denen die Jungen schlüpfen. Beide haben einen vogelähnlichen Schnabel. Beide nähren ihre Jungen mit Milch, aber sie haben keine Brustwarzen, aus denen die Milch fließen kann. Bei ihnen kommt die Milch aus kleinen Poren am Unterleib des Tieres. Die Jungen lecken die Milch dort auf. Man findet diese Tiere in Australien, Neuseeland und in Neuguinea.

Der Ameisenigel hat kurze, spitze Stacheln zwischen seinem bräunlichen

Ein Schnabeltier schlüpft aus dem Ei

Fell. Er hat an allen vier Beinen kräftige bekrallte Zehen zum Graben und kann in erstaunlich kurzer Zeit in der Erde verschwinden. Dabei gräbt er sich nicht mit dem Kopf zuerst ein, sondern er gräbt mit allen vier Füßen zugleich, so daß er gewissermaßen in die Erde versinkt. Wird er angegriffen, so gräbt er sich sofort ein. In wenigen Augenblicken ist nur noch sein stacheliger Rücken zu sehen; jeder Angreifer hütet sich, mit diesem in Berührung zu kommen. Der Ameisenigel hat keine Zähne, sondern fängt mit Hilfe seiner langen Zunge Ameisen und Termiten, von denen er sich nährt.

Das Schnabeltier ist ein ausgezeichneter Schwimmer. Es hat ein dichtes,

Das Schnabeltier ist ein guter Schwimmer und spielt gern im Wasser. Rechts: Schnabeltier beim Säugen der Jungen.

graubraunes Fell, dicke Füße mit Schwimmhäuten, lange Krallen und einen platten Schwanz. Im Gegensatz zum Ameisenigel hat es Zähne und frißt Würmer, Kaulquappen und kleine Fische. Das weibliche Schnabeltier gräbt eine Höhle in ein Teich- oder Flußufer. Der tunnelartige Eingang für diese große Kammer liegt unter Wasser; es gibt außerdem noch einen Luftschacht zur Erdoberfläche. Die Höhle, in der das Tier zwei oder drei Eier legt, wird mit Blättern und Gras ausgepolstert. Die dünnschaligen Eier haben ungefähr die Größe einer Marmel. Das Schnabeltier legt sich mit der Brust auf die Eier und rollt sich zu einer Kugel zusammen, um die zum Schlüpfen notwendige Wärme zu erzeugen. Neugeborene Schnabeltiere sind haarlos und blind; erst nach vier Monaten können sie sehen.

An den Hinterfüßen hat das männliche Schnabeltier je einen scharfen,

Auch der Ameisenigel ist ein eierlegendes Säugetier.

hornigen, hohlen Stachel, der mit einer Giftdrüse in Verbindung steht. Ein Stich hiermit kann eine schmerzhafte Wunde verursachen.

Beuteltiere

Ein Löffelvoll kleiner Opossums! So winzig sind sie bei ihrer Geburt!

Diese Tiere tragen ihren Namen, weil die meisten weiblichen Tiere dieser Ordnung einen Beutel haben, in dem sie die Jungen tragen. Känguruh und Opossum, auch Beutelratte genannt, sind Beispiele für diese Tierart. Neugeborene Beuteltiere sind außerordentlich klein im Vergleich zum ausgewachsenen Tier. Das neugeborene Känguruh ist knapp 3 cm lang, und zwanzig neugeborene Opossums finden in einem Eßlöffel Platz.

Was sind Beuteltiere?

Kann sich ein Opossum totstellen?

Beuteltiere gibt es fast nur in Australien. Das Opossum ist das einzige Beuteltier, das in Nordamerika lebt. Es ist grau-weiß und so groß wie eine Hauskatze. Das Tier ist langsam, und auch seine scharfen Zäh-

31

ne und Krallen bieten ihm keinen wirksamen Schutz gegen Feinde. Die Füße besitzen „Daumen", so daß es wie der Affe Gegenstände greifen kann. Auch mit seinem rattenähnlichen Schwanz kann es Gegenstände umfassen; und oft hat man Opossums gefunden, die mit dem Schwanz an Baumästen hingen.

Gefahr wirkt auf das Opossum wie ein Schock. Es verfällt in eine Starre. In diesem Zustand kann man es schlagen, kneifen oder mit scharfen Gegenständen verletzen, ohne daß es darauf reagiert. Seine Angreifer halten es vermutlich für tot und beachten es nicht weiter. Ist die Gefahr vorüber, erwacht das Tier wieder zum Leben und ergreift die Flucht.

Das Opossum hat viele Feinde, darunter Habicht, Eule und Fuchs. Auch der Mensch verfolgt das Opossum, weil es Hühner und Eier frißt. In einigen Gegenden wird das Opossum-Fleisch als Delikatesse gegessen, und auch sein Fell ist wertvoll. Andererseits ist das Opossum den Bauern nützlich, denn es vertilgt Insekten und schädliche Nagetiere.

Das Opossum kann jedes Jahr 20 Junge zur Welt bringen, die so klein wie Bienen sind, aber gewöhnlich nicht alle am Leben bleiben.

> **Wie lebt das junge Opossum in den ersten Monaten?**

Junge Opossums sind zunächst haarlos, blind und noch nicht vollkommen entwickelt. Sie können aber in den Beutel ihrer Mutter krabbeln. Dort saugt sich jedes von ihnen an einer Zitze fest; die hilflosen Tiere saugen dort etwa zwei Monate. Die Neugeborenen, die den Beutel nicht erreichen können, gehen zugrunde. Aber die meisten Jungen kommen durch. Wenn sie die Tasche verlassen haben, klettern sie auf den Rücken ihrer Mutter, die sie dort mehrere Wochen mit sich herumträgt. Wenn die Jungen für sich selbst sorgen können, schüttelt die Mutter sie herunter.

Der Australische Beutelbär (Koala) sieht mit seinen großen Ohren und seiner glänzenden Nase wie ein Teddybär aus. Er hat kleine, helle

> **Welche Tiere tauschen ihre Jungen aus?**

Augen und blickt in die Welt, als ob er erstaunt sei. Er lebt auf Bäumen, ist fast ein Meter lang und wiegt rund 20 Pfund, wenn er ausgewachsen ist.

Eine Koalamutter bringt immer nur ein Junges zur Welt. Bei der Geburt ist es ungefähr 2–3 cm lang und nicht dicker als ein Bleistift. Sechs Monate braucht es, bis es sehen und den Beutel seiner Mutter verlassen kann. Die Mutter trägt das heranwachsende Junge noch ein weiteres Jahr mit sich herum. Manchmal, wenn mehrere Koala-Familien durch die Wälder ziehen, kann es passieren, daß ein Junges zeitweilig von seiner Mutter getrennt wird. Wenn es dann Hunger hat, ist es nicht ungewöhnlich, daß eine andere Koalamutter das Junge säugt. Nachher kehrt das Junge zu seiner eigenen Mutter zurück. Dies ist ein unter Säugetieren ungewöhnliches Verhalten, aber bei den Koalas ist das üblich.

Känguruhs haben sehr lange Hinterbeine, auf denen sie aufrecht stehen können und die sie zum Hüpfen und Springen benutzen. Beim

> **Wie kam das Känguruh zu seinem Namen?**

Stehen gebrauchen sie ihren langen, kräftigen Schwanz als Stütze; beim

32

Springen benutzen sie ihn vor allem, um das Gleichgewicht zu halten. Man sagt, daß er ihnen auch einen zusätzlichen Schwung verleiht.

Diese Beuteltiere erhielten ihren Namen von dem berühmten englischen Entdecker Kapitän James Cook, der im achtzehnten Jahrhundert lebte. Er zeigte auf ein Tier und fragte einen australischen Eingeborenen nach dem Namen des Tieres. „Känguruh", antwortete der Mann, was in seiner Eingeborenensprache „Ich weiß nicht" bedeutet.

Es gibt viele Arten Känguruhs; sie unterscheiden sich in ihrer Größe. Das Zwergkänguruh, zum Beispiel, ist nicht größer als ein Kaninchen, während das Riesenkänguruh über mannshoch wird und bis 180 Pfund wiegt. Erstaunlich ist, daß die neugeborenen Jungen der größeren Arten nicht länger als 3 cm sind.

Kann ein Känguruh boxen?

Känguruhs sammeln sich oft in Herden. Früher zählten diese Herden in Australien nach Tausenden, während heutzutage eine Herde von 100 Stück schon ungewöhnlich ist. Känguruhs legen sich zum Schlafen auf die Erde. Ihre Nahrung besteht hauptsächlich aus Pflanzen. Die normale Lebensdauer dieses Beuteltieres beträgt 15 Jahre. Gewöhnlich macht ein Känguruh Sprünge von 1,50 bis 2 m; auf der Flucht werden die Sprünge bis zu 6 m groß. Bei Riesenkänguruhs sind auch Sprünge von 10–12 m möglich.

Im Zirkus lehrt man die Känguruhs manchmal mit Handschuhen boxen; sie erreichen in dieser Kunst eine ziemliche Fertigkeit.

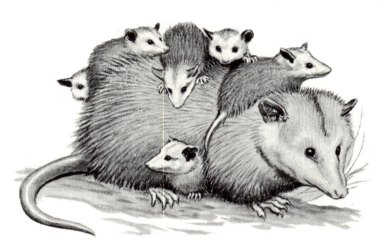

Die Opossum-Jungen verbringen die ersten drei Monate im Beutel ihrer Mutter. Später reiten sie auf ihrem Rücken.

Kopf eines Zahnwales

Kopf eines Bartenwales
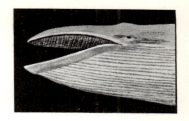

Säugetiere, die im Meer leben

Nicht alle Säugetiere leben auf dem Land. Einige leben im Meer. Dazu gehören Wale, Delphine und Tümmler. Ihre Vorfahren hielten sich vor Millionen von Jahren auf dem Land auf und bewegten sich auf vier Beinen vorwärts. Sie fanden nicht mehr genug Nahrung oder wurden von ihren Feinden ins Wasser getrieben. Einige paßten sich dem Leben im Meer an. Ihre Vordergliedmaßen entwickelten sich allmählich zu Flossen, während ihre Hintergliedmaßen schrumpften und mit dem Körper verschmolzen.

Die Säugetiere, die im Meer und in Flüssen leben, sind Warmblüter, während alle anderen im Wasser lebenden Tiere Kalt- und Wechselblüter sind. Warmblüter sind Tiere, deren Blut eine fast gleichbleibende Temperatur behält. Ob das Wasser also warm oder kalt ist – die Körpertemperatur des Säugetieres im Meer bleibt stets gleich. Dagegen wechselt die Temperatur der anderen Tiere im Meere mit der Wassertemperatur.

| Welches ist das größte Tier der Welt? |

Das größte Tier, das wir kennen, ist der Blauwal. Er kann 30 m lang werden und 100 000 kg wiegen. Diese Tiere sind größer als die riesigen Dinosaurier, die vor Millionen von Jahren lebten.

| Was für Wale gibt es? |

Man unterscheidet Barten- und Zahnwale. Der Bartenwal hat in seinem Maul Hunderte von langen dünnen, dreieckigen Hornplatten, deren Innenseiten ausgefranst sind und ein dichtes Netzwerk bilden. Diese „Barten" hängen von beiden Seiten des Oberkiefers herab. Diese Säugetiere ernähren sich von Plankton – winzigen Pflanzen und kleinen Tieren, die dicht an der Meeresoberfläche leben. Mit geöffnetem Maul schwimmt der Wal durch die Planktonfelder. Wenn das Maul gefüllt ist, schließt er die Kiefern und preßt mit Hilfe der Zunge das überflüssige Wasser wieder durch die Barten hinaus. Die Barten wirken dabei wie ein Sieb und halten das Plankton zurück. Jeder große Wal verschlingt täglich etwa 20 Zentner Plankton und „Krill". Krill sind kleine Walkrebschen, die im Plankton leben.

Die Zahnwale haben kegelförmige Zähne, mit denen sie Fische, Muscheln, Robben, Tintenfische, andere Wale und auch Seevögel greifen. Spermwale, Delphine, Tümmler und Schwertwale sind einige Mitglieder dieser Gruppe.

Manche Wale tauchen auf der Suche nach Nahrung tief in den Ozean hinunter und können fast eine halbe Stunde unter Wasser bleiben. Wenn sie an die Oberfläche zurückkehren, blasen sie die verbrauchte Luft aus ihren Lungen heraus. Dieser warme, feuchte Atem wird in der kalten Luft zu einer Dampfsäule, die sechs Meter hoch werden kann. Man sagt dann: „Der Wal bläst."

Tümmler und Delphine sind kleinere, zähnetragende Mitglieder der Wal-Familie. Delphine leben in den warmen Gewässern des Atlantiks, des Mittelmeeres und des Schwarzen Meeres. Tümmler gibt es in den Küstengewässern des Nordatlantiks und des Pazifiks.

Der Gemeine Delphin wurde früher gejagt, um Öl zu gewinnen. Er erreicht eine Länge von 1,80 m bis 2,40 m; der Große Tümmler wird bis 3,60 m lang.

Schwertwale, die eine Länge von 6 bis 9 m erreichen, leben in sogenannten „Schulen" zusammen und greifen Bartenwale an.

Der Weiße Wal gehört zu den Delphinen und lebt hauptsächlich im Nördlichen Eismeer.

Der Buckelwal ist ein Bartenwal, der oft 12—15m lang wird.

Großer Tümmler

| Wie jagt man heute Wale? |

Unter der Haut des Wales befindet sich eine dicke Speckschicht. Man gewinnt daraus das Walöl, das bei der Herstellung von Margarine, Seife, Farben und Lacken eine Rolle spielt. In einigen Ländern wird Walfleisch als Nahrungsmittel verwendet.

Wale werden schon seit dem Mittelalter gejagt. Jahrhundertelang wurden diese Tiere von Männern in rudergetriebenen Walbooten harpuniert. Diese Methode des Walfanges war erregend und gefährlich. In unseren Tagen jagt man Wale von großen Fangschiffen aus, die Radar benutzen, um die Wale auszumachen. Man schießt die Tiere dann mit der Harpunenkanone. Leider führt diese Methode zum schnellen Rückgang der Tiere.

Der Blauwal ist das größte Tier der Welt. Er schwimmt etwa 40 km in der Stunde.

Huftiere

Was sind Hufe?

Hufe sind Hornbekleidungen, die bei einer Gruppe von Säugetieren wie zum Beispiel Pferden, Zebras, Giraffen, Rehen, Rentieren, Elchen und Nashörnern die Zehen umhüllen. Die Hufe schützen die Zehen solcher Tiere, die in großen Weiten leben und viel laufen.

Die Wissenschaftler teilen die Huftiere in zwei Gruppen ein: solche, die eine ungerade Zahl von Zehen an jedem Fuß haben – die Unpaarzeher – wie zum Beispiel Pferd und Zebra (eine Zehe) und Rhinozeros und Tapir (drei Zehen), und solche mit einer geraden Zahl von Zehen (die Paarzeher) wie Rehe, Giraffe, Bison, Kamel, Ziege, Lama und Flußpferd. Die meisten Huftiere sind Paarzeher. Ihre Hufe bestehen aus zwei Teilen. Man sagt auch, sie seien spalthufig.

Wie fressen die Wiederkäuer?

Die meisten Paarzeher sind Wiederkäuer. Beim Fressen kauen sie ihre Nahrung aus Blättern oder Gras nur zum Teil, bevor sie sie hinunterschlucken. Die Nahrung gelangt über den Netzmagen in den Pansen; hier wird sie eingeweicht und aufgeschlossen. Später wird die Nahrung nochmals

37

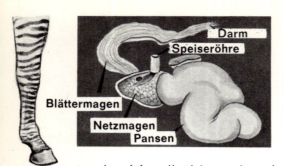

Die Abbildung zeigt den mehrteiligen Magen eines Wiederkäuers, eines Paarhufers.

Zebra-Huf

Bison-Huf

Nashorn-Huf

in die Mundhöhle gebracht und noch einmal gekaut. Sicherlich hast du schon einmal eine Kuh gesehen, die im Schatten eines Baumes lag und wiederkäute. Wird die Nahrung nun wieder hinuntergeschluckt, so gelangt sie in den Blättermagen und weiter in den Labmagen, wo die Verdauung beginnt.

Rotwild ist weit verbreitet; in der schneebedeckten Arktis, in den Dschungeln Indiens, auf grasbewachsenen Ebenen, in Sumpfgebieten und in allen Wäldern gibt es Hirsche und Rehe. Das Fleisch des Rotwilds – das Wildbret – war lange Zeit für viele Völker die Hauptnahrung. Die Haut der Tiere diente als Material für Kleidung, Wohnung (Indianerzelte) und andere nützliche Dinge, wie Überzüge für Schneeschuhe, Bootshäute und Behälter. Rotwild nährt sich im Walde von Gras, Zweigen, jungen Trieben und Baumrinde. So hält es den Waldboden von Unterholz frei. Andererseits können Wälder sehr darunter leiden, wenn zu viele dieser Tiere die Rinde von den Bäumen fressen.

Ist Rotwild nützlich oder schädlich?

Als die Erde noch nicht so dicht besiedelt war, sorgten Bären, Wölfe und andere fleischfressende Tiere dafür, daß die Hirsche und Rehe nicht zu zahlreich wurden. Später sorgten auch die Menschen dafür, das Gleichgewicht zwischen Rotwild und seinen natürlichen Feinden zu erhalten. Sie vertrieben aber auch Bären und Wölfe von ihren Ländereien. Jetzt wird seit langem überall das Rotwild durch Jagdgesetze geschützt, während seine räuberischen Feinde immer weniger werden. Daher hat sich das Rotwild außerordentlich vermehrt und richtet allerlei Schäden in Gärten und Feldern an. Man sieht also, das Rotwild kann dem Menschen nützlich, aber auch schädlich sein.

Wie wächst das Geweih bei Hirsch und Reh?

Es gibt etwa 100 verschiedene Arten Rotwild auf der Erde. Bei den meisten Arten hat nur das männliche Tier ein Geweih. Beim Ren ist auch das weibliche Tier gehörnt. Manche Arten haben kein Geweih, sondern nur winzige Hörner. Zu diesen gehören das Moschustier, der indische Muntjak-Hirsch und das chinesische Wasserreh.

Das Geweih besteht aus einer festen, knochigen Substanz. Es wächst aus Knochen an beiden Seiten des Kopfes. Jedes Jahr, gewöhnlich im Winter oder zeitigem Frühling, wirft das Rotwild das Geweih ab. Wenig später beginnt ein neues zu wachsen. Es bildet sich unter einer dünnen Haut, die mit Haaren bewachsen ist und die man „Bast" nennt. Es wächst zusehends, und bald erscheint das Geweih in der Verzweigung, die es schließlich zeigen wird. Der „Bast" schützt die feinen Blutgefäße, durch die mit dem Blut ständig neuer Kalk zum Aufbau des Geweihes gebracht wird. Das Geweih ist in dieser Zeit noch weich und empfindlich.

Wenn das Geweih seine volle Größe hat, läßt die Blutzufuhr nach; Blutgefäße und Bast trocknen ein. Das Tier schlägt dann sein Geweih gegen junge Bäume und Äste. Man sagt, der Hirsch „fegt". Dabei löst sich die eingetrocknete Haut, die das Geweih umgibt. Wahrscheinlich verursacht das Einschrumpfen der Blutgefäße ein juckendes Gefühl, das durch das Schlagen gelindert wird.

Rotwild gebraucht das Geweih als Waffe, wenn es auch eher vor einem Feind flieht als sich zum Kampf stellt. Doch kämpfen während der Brunftzeit männliche Tiere zuweilen auf Leben und Tod um den Besitz der weiblichen Tiere. Dabei kommt es vor, daß sie sich mit den Geweihen ineinander verfangen und sich nicht wieder voneinander lösen können. Sie gehen dann beide an Hunger zugrunde.

Der Elch ist das größte Tier unter dem Rotwild. Ein ausgewachsener Elchbulle hat eine Schulterhöhe von mehr als 1,80 m, und Kopf und Geweih reichen meistens noch einen Meter höher. Der Bulle wiegt zwischen 900 und 1300 Pfund; sein massiger Körper ist mit rauhem, bräunlichem Haar bedeckt. Die Vorderbeine des Elches sind länger als seine Hinterbeine. Sie sind so lang, daß das Tier knien muß, wenn es grasen oder niedere Büsche abweiden will. Zum Trinken muß es ins Wasser waten. Der Elch hat eine große, knollige Nase, dicke Nüstern und eine herabhängende, fleischige Oberlippe. Vom Kehlkopf hängt ein behaarter Hautsack, der „Bart" herab. Das Geweih ist flach wie eine Schaufel und kann 35 Pfund schwer werden. Es ragt auf jeder Seite bis zu einem Meter über den Kopf hinaus. Kämpft der Elch, so schlägt er mit seinem riesigen, schweren Geweih weit um sich. Starke Halsmuskeln helfen ihm dabei.

Der Elch verbringt die Sommermonate an den Ufern von Seen und in Sümpfen. Auf dem Lande nährt er sich von Farnen, Laub und Moos,

> Wer ist der Riese in der Rotwildfamilie?

> Was ist ein „Elchhof"?

Elch-Männchen (vorn) und Elch-Weibchen. Ihre normale Höhe beträgt 2,40 m. Sie sind die größten Mitglieder der Familie Hirsch.

im Sumpf von Wasserlilien, Entengrütze und Schilf. Um an die Pflanzen unter Wasser zu gelangen, watet der Elch ins Wasser, bis es ihm über den Kopf geht, und kommt dann geräuschvoll blasend wieder an die Oberfläche. Im Winter wandert der Elch durch die Wälder, wo er sich von Blättern, Pflanzenschößlingen, Weiden-, Hasel- und Ahornzweigen ernährt. Wird der Schnee sehr tief, halten drei oder vier Elche die Pfade in einem kleinen Gebiet, in dem es Nahrung gibt, offen, indem sie andauernd darüber hinlaufen. Dies Gebiet von vielleicht zwei Quadratkilometern nennt man einen „Elchhof". Im späten Winter, wenn das Futter knapp wird, dehnt der Elch die Grenzen dieses „Hofes" aus.

Elche leben in Nordeuropa, Sibirien und in der Mandschurei, in Alaska und Kanada.

Weibliches Ren

Welcher Hirsch lebt im hohen Norden?

Das Rentier oder Ren gehört zur Familie der Hirsche. Rens sind im Gebiet der Arktis weit verbreitet: im Norden Europas, Asiens und Amerikas. In Sibirien findet man sie bis Kamschatka, Sachalin und in der Mongolei, in Amerika in Alaska und Kanada. In Europa hat das Ren die unwirtschaftlichen Ebenen des hohen Nordens den Menschen nutzbar gemacht, denn nur diese Hirschart hat sich dem kalten arktischen Klima und der dürftigen Vegetation dieser Gebiete angepaßt, die sonst wahrscheinlich menschenleer wären. Die Lappen, die letzten Nomaden Europas, folgen ihren großen Herden, die ständig nach neuen Weidegründen suchen.

Die beiden Stangen des Rentiergeweihs krümmen sich nach rückwärts und verzweigen sich an ihren aufwärtsgerichteten Enden. Im Gegensatz zu den anderen Hirscharten haben auch die weiblichen Rentiere ein Geweih. Rentiere haben breite, gespaltene Hufe, die sich beim Laufen auseinanderspreizen. Sie ermöglichen es dem Tier, auf der Suche nach Futter auch über tiefen Schnee zu gehen. Mit den breiten Schalen der Hufe scharren sie die Flechten unter dem Schnee hervor, die im Winter ihre einzige Nahrung sind.

Das Rentier ist ein echtes Tier des Nordens. Im Sommer hat es ein leichteres braunes Fell, das sich zum Winter in einen dicken, hellen Pelz verwandelt. Eine leichte Mähne aus weichem Haar hängt von der Kehle herab. Ausgewachsene Rens wiegen je nach ihrer Art etwa zwischen 150 und 650 Pfund.

Das Ren ist für die Lappen und Alaska-Eskimos sehr nützlich; es liefert ihnen Nahrung, Kleidung und Bespannung für ihre Zelte.

Männliches Ren

Bison

Schwarzwedelhirsch

Das Reh lebt nördlicher als jedes andere Huftier.

Zweihöckeriges Kamel

Weißwedelhirsch

Dalls-Schaf

Gabelantilope

Zwergantilope

> **Welches Tier heißt auch das „Kamel des Nordens"?**

Die Völkerstämme in den Wüsten Afrikas und Asiens hängen in ihrer Lebensführung weitgehend von ihren Kamelherden ab. Kamele dienen als Lasttiere, um Güter zu transportieren. Sie liefern aber auch Milch und Fleisch. Aus Kamelhaar spinnt man Wolle für die Kleidung. Aus ihrer Haut stellt man Wassersäcke her. In gleicher Weise sind die Völkerschaften Lapplands, Nordsibirens und die Eskimostämme auf das Ren angewiesen. Das Ren trägt Lasten und zieht Schlitten. Die Milch, aus der man Käse gewinnt, enthält etwa viermal so viel Fett wie Kuhmilch. Aus Rentierhäuten werden Schuhe, Handschuhe, Hosen und Schutzkleidung angefertigt. Fleisch, Blut und Knochen sind für die Ernährung der Eskimos

Nabelschwein

Warzenschwein

Das Warzenschwein ist ein Mitglied der gleichen Familie, zu der auch das Schwein gehört, während das Nabelschwein und das Flußpferd die nächsten Verwandten sind. Es sind Paarhufer, aber keine Wiederkäuer. Diese Säugetiere ernähren sich von Früchten, Nüssen und kleinen Tieren. Das Nabelschwein — ein sogenanntes Neuweltschwein — lebt im südwestlichen Teil der USA und in Südamerika. Das Warzenschwein ist ein Bewohner der afrikanischen Steppen. Einige Leute halten es für das häßlichste Tier der Welt. Der Kopf ist für den Körper zu groß, die Augen sind winzigklein und versenkt. Seinen Namen hat es von den warzenähnlichen Auswüchsen an beiden Seiten des flachen und hohlen Gesichts. Die Stoßzähne sind gut entwickelt.

wichtig. Die Sehnen des Rentieres benutzt man als Fäden; der Magen wird zu einem Behälter verarbeitet. Aus den Schienbeinen des Rentieres macht man Messer, während die Hörner zu Ahlen, Fischhaken und zu Schabern für die Häute verarbeitet werden. Es ist verständlich, daß man das Ren als „Kamel des Nordens" bezeichnet.

Die Gemse ist ein Säugetier des Hochgebirges. Sie lebt vor allem in den Alpen; man findet sie aber auch in den Pyrenäen, den Gebirgen des Balkans und im Kaukasus. Ihr Lebensraum ist der obere Waldgürtel des Hochgebirges. Sie ist ein geschickter Kletterer, an steilen Felsen und Schluchtwänden läuft sie so leicht hinauf und hinunter wie andere Tiere in flachem Gelände. Ihre Rückenhöhe beträgt etwa 85 cm; ihre Farbe ist braun, an Kopf und Unterseite heller. Ihre Hörner stehen senkrecht und sind am oberen Ende zurückgekrümmt.

Welche Säugetiere leben im Hochgebirge?

Das Dickhornschaf des amerikanischen Felsengebirges lebt in Kanada, den Vereinigten Staaten und in Mexiko. Es ist ein ebenso geschickter Kletterer wie die Gemse, und da es ebenso hoch lebt und sehr scharfe Sinne hat, ist es vor Wölfen und Kojoten sicher. Die Jagd auf diese Schafe ist außerordentlich schwierig, aber die weitspiralig gedrehten Hörner sind als Jagdtrophäe so begehrt, daß Dickhornschafe auch in den entlegenen Rückzugsgebieten nicht sicher sind. Daher ist das Tier in Gefahr, auszusterben.

Das Dickhornschaf nährt sich — wie die Gemse — von den Blättern und Zweigen der Büsche und Zwergbäume, die in den Felsspalten wachsen. Im Winter wandert es zu den tiefer gelegenen, bewaldeten Hängen. Das Schaf lebt in Herden von sechs oder mehr Tieren. Es ist etwa 1 m hoch und wiegt 100–150 kg.

Die Lämmer der Dickhornschafe werden Ende Mai bis Anfang Juni geboren. Gewöhnlich kommen Zwillinge zur Welt; einzelne Lämmer und Drillinge sind selten. Ein paar Tage nach der Geburt folgen die Lämmer der Mutter. Bald darauf scheint die Mutter sie das Springen zu lehren. Der amerikanische Präsident Theodore Roosevelt beobachtete einmal, wie ein Muttertier

Wie lernt das Dickhorn springen?

von Zeit zu Zeit von einer kleinen Erhebung zur anderen auf dem ebenen Teil einer Klippe sprang, die gut 300 m über dem Grunde einer Schlucht lag. Jedesmal, wenn das Muttertier einen Sprung machte, blickte es zurück, ob das junge Tier folgte. Aber das Lamm blökte nur und schmiegte sich eng an den Felsen. Nach jedem Sprung kehrte das Muttertier zu ihm zurück, als wolle es das Junge ermutigen. Endlich gab es ihm einen Schubs, und das Lamm machte seinen ersten, unbeholfenen Sprung. Gleichsam als Belohnung durfte das Junge dann saugen.

> **Welches Tier kann aus der Dachrinne trinken?**

Die Giraffe ist im Durchschnitt mehr als 4,50 m hoch; manche erreichen eine Höhe von fast 6 m – das entspricht der Höhe eines zweistöckigen Hauses. Kein anderes Tier der Erde wird so groß. Fast die Hälfte seiner Höhe nimmt der lange Hals des Tieres ein. Dabei besteht der Hals der Giraffe wie bei anderen Säugetieren auch nur aus sieben Halswirbeln; aber jeder Wirbel ist außerordentlich lang.

Giraffen leben in Afrika, südlich der Sahara, und nähren sich von den Blättern der Akazien und Mimosenbäume. Mit der langen Zunge und den Lippen, die sie weit ausstrecken können, ziehen sie die Blätter ins Maul. Das Fell der Giraffe hat eine helle Sandfarbe und ist mit dunkelbraunen Flecken bedeckt. Dadurch ist die Giraffe in den fleckigen Schatten, die die Blätter der Bäume bilden, vorzüglich gegen Sicht geschützt.

Die Giraffe hat kurze Hörner von etwa 10 bis 15 cm Länge. Sie sind mit Fell bedeckt und werden nur beim Kampf der Bullen um die Kühe als Waffe benutzt. Dabei schwingen sie ihre langen Hälse und schlagen ihre Köpfe gegeneinander. Gegen ihre natürlichen Feinde gebrauchen die Giraffen sehr wirkungsvoll ihre langen, kräftigen Beine. Ein fester Tritt mit dem Bein kann einen Löwen außer Gefecht setzen. Die Giraffe läuft den meisten ihrer Feinde davon; ein Jäger auf einem schnellen Pferd kann jedoch mit ihr Schritt halten.

Lange Zeit glaubten die Naturwissenschaftler, die Giraffe könne keinen Laut von sich geben. Jetzt weiß man, daß sie einen leise grunzenden Ton hervorbringen kann.

Giraffen sind ihres Felles wegen so viel gejagt worden, daß sie jetzt durch Schutzgesetze vor dem Aussterben bewahrt werden müssen.

Ihre Färbung dient der Giraffe zum Schutz gegen Feinde.

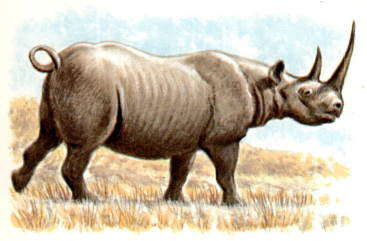
Das afrikanische Nashorn ist ein guter Schwimmer.

Der Schabrackentapir hat eine gewisse Ähnlichkeit mit einer englischen Schweinerasse.

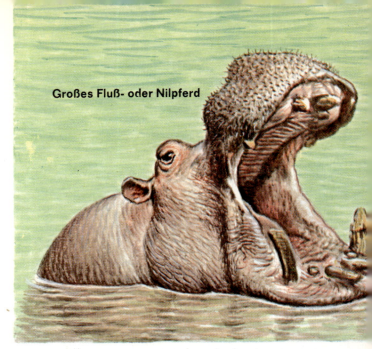
Großes Fluß- oder Nilpferd

Nach dem Elefanten und dem Flußpferd ist das Nashorn das drittgrößte Landtier der Erde. Es hat eine dicke, zähe Haut, kurze, untersetzte Beine und Füße mit drei Zehen. Auf Stirn und Nase trägt es ein oder zwei Hörner, je nach der Art, der das Nashorn angehört. Das Horn, das sich aus verhornter Oberhaut gebildet hat, wächst ständig nach und wird durch Wetzen geschliffen. Trotz seiner scheinbaren Plumpheit ist das Nashorn sehr gewandt und schnell.

> Warum sagt man, das Nashorn sei unberechenbar?

Das Breitmaulnashorn, das auch Weißes Nashorn genannt wird und in Wirklichkeit hellgrau ist, wird 2 m hoch und wiegt über 2 t. Das Schwarze Nashorn ist etwas kleiner als der „weiße" Vetter. Beide Arten leben in Afrika; sie fressen Blätter, Schößlinge von Bäumen und Gras.

Das Panzernashorn, das in Assam, Bhutan und Nepal lebt, hat nur ein Horn. Es steht an Größe zwischen den afrikanischen Nashörnern. Die Haut ist in flachen Platten gefaltet, an deren Rändern runde Flecken sind, die wie Nietenköpfe aussehen. Aus diesem Grunde hat man dies Nashorn „Panzernashorn" genannt.

Manchmal stürmen Nashörner ohne ersichtlichen Grund umher, brüllen, trampeln Büsche nieder und wühlen mit den Hörnern die Erde auf. Es ist möglich, daß dies Toben nur seine besondere Art zu spielen ist. Das Nashorn greift gewöhnlich auch alles an, was sich in seiner Nähe bewegt. Dies hängt wahrscheinlich mit dem schlechten Sehvermögen des Tieres zusammen. Es ist nicht bösartig, wohl aber recht schreckhaft und stürmt, wenn es sich bedroht fühlt, blindlings darauf los.

Zwergflußpferd

Grunde des Wassers laufen. Die Nasenlöcher des Flußpferdes und auch die kleinen Augen liegen hoch oben am Kopf. Auf diese Weise kann es sehen und atmen, während der ganze Körper bis auf den oberen Kopfteil unter Wasser ist. Ein ausgewachsenes Flußpferd hat eine Schulterhöhe von 1,50 m, ist über 4 m lang und wiegt bis 4 t. Es frißt riesige Mengen Wasserpflanzen. Trotz seiner Plumpheit kann es sich schnell bewegen, und seine scharfen Zähne sind eine wirksame Waffe. Im westafrikanischen Urwald gibt es ein Zwergflußpferd, das 80–90 cm Schulterhöhe hat und etwa 350 Pfund wiegt.

Das große Fluß- oder Nilpferd bewohnt alle größeren Flüsse und Seen nördlich und südlich des tropischen Afrika. Es kann auf dem Wasser treiben und schwimmen und auch auf dem

> Schwitzt das Flußpferd Blut?

Wenn das große Flußpferd sich längere Zeit auf dem Land zum Weiden aufhält, sondern die Poren der nackten Haut einen Schleim ab, der die Haut vor dem Austrocknen schützt. Dieser Schleim hat eine rötliche Farbe. So entstand die Vorstellung, das Flußpferd schwitze Blut.

Die Affen

Die Affen gehören zu den höchstentwickelten Säugetieren; sie sind von allen die intelligentesten. Affen leben die meiste Zeit auf Bäumen. Ihr schärfster Sinn ist infolgedessen das Gesicht. Sie können ausgezeichnet klettern, wobei ihnen auch der Schwanz gute Dienste leistet. Mit Hilfe der abspreizbaren Daumenzehe an Hand und Fuß können sie in der gleichen Art wie der Mensch greifen. Finger und Zehen der Affen haben Nägel zum Schutz der Gliederspitzen. Die Affen leben gewöhnlich von Früchten, Nüssen und

> Warum suchen die Affen einander das Fell ab?

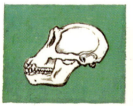 

Von links nach rechts:
Schädel eines Schimpansen, eines Gorillas und eines Affen.

Von links nach rechts:
Hand eines Schimpansen, eines Gorillas und eines Affen.

Blumen, aber sie fressen auch Insekten, Vogeleier und junge Vögel.

Affen verbringen viel Zeit damit, sich gegenseitig das Fell abzusuchen; sie suchen dabei die winzigen Salzkristalle, die sich auf der Haut bilden, wenn der Schweiß trocknet. Die Tiere sind sehr gesellig.

Es gibt zwei Hauptgruppen von Affen: Altwelt- und Neuweltaffen. Die Affen der Neuen Welt leben in den tropischen Urwäldern Mittel- und Südamerikas.

Sie haben Schwänze, die zum Greifen gebraucht werden können und breite, flache Nasen; die Nasenlöcher liegen weit auseinander und öffnen sich nach den Seiten. Einige Arten der Altweltaffen besitzen keinen Schwanz. Bei anderen ist er lang oder stummelförmig, aber nie als Greifschwanz ausgebildet. Die Altweltaffen haben schmale Nasen mit nach unten gerichteten Nasenöffnungen. Sie besitzen – wie die Menschen – zweiunddreißig Zähne.

Menschenaffen

Vier Affenarten gehören zur Familie der Menschenaffen. Diese Menschenaffen sind der Orang-Utan, der Gibbon, der Gorilla und der

> **Welches sind die intelligentesten Tiere?**

Schimpanse. Sie sind stärker und schwerer als die übrigen Affen und gehen zeitweise aufrecht. Wenn sie sich auf allen vieren bewegen, legen sie aber nicht die Handflächen auf, wie Affen es sonst tun, sondern stützen sich auf die Knöchel der umgebogenen Hände. Sie können das, weil ihre Arme länger als die Beine sind. Die Menschenaffen gehen auf den Außenseiten der Fußsohlen. Sie können nicht schwimmen, und wenn ein Affe ins Wasser fällt, ertrinkt er gewöhnlich. Vor einiger Zeit stürzte einmal ein Gorilla im New Yorker Zoo in den Wassergraben. Zur Überraschung der Zoobesucher machte das Tier nicht einmal den Versuch, sich zu retten, und ertrank in dem nicht sehr tiefen Wasser.

Diese großen Affen sehen besonders in der Jugend dem Menschen ähnlich; sie sind außerdem die intelligentesten

aller wilden Tiere. Sie fressen Blätter, zarte Schößlinge, Früchte, Beeren und Nüsse, aber auch Vogeleier und Insekten. Wie alle Affen, leben auch die Menschenaffen in den Tropen – der Orang-Utan in den Urwäldern Sumatras und Borneos, Gorillas und Schimpansen in den Urwäldern Afrikas.

Gorillas sind riesige Tiere. Ausgewachsene männliche Tiere sind über 2 m groß, wiegen vier Zentner und mehr, die Spannweite ihrer ausgebreite-

> **Fürchtet der Gorilla den Menschen?**

ten Arme beträgt 2,50 m. Sie haben außerordentlich kräftige Muskeln und ein Gebiß mit großen, raubtierhaften Eckzähnen, die eine furchtbare Waffe sein können. Gewöhnlich greift kein Urwaldtier den Gorilla an, und der Gorilla tötet niemals, um sich Nahrung zu beschaffen. Er fürchtet den Menschen und entzieht sich seiner Sicht. Ein Gorilla, der Menschen angreift, ist gewöhnlich verwundet. Er greift unter Umständen auch an, wenn er während des Schlafes gestört wird. Er schläft in einem Nest zwischen Baumästen oder in einem Lager, das er sich aus Blättern, Zweigen und Gras auf dem Boden bereitet hat.

Ein Orang-Utan ist in der Gefangenschaft sehr gelehrig. Er lernt, sich Kleider anzuziehen und Hosenträger zu befestigen. Er kann ein Schloß

> **Welcher Menchenaffe ist der klügste?**

mit dem Schlüssel öffnen und sucht dabei den richtigen Schlüssel aus einem halben Dutzend ähnlicher heraus. Aber wie tüchtig die Orang-Utans auch sind, sie werden noch vom Schimpansen übertroffen, dem klügsten der großen Affen. Schimpansen sind die menschähnlichsten Affen. Sie haben sehr bewegliche Gesichtszüge, mit denen sie Gemütsbewegungen in fast menschlicher Weise ausdrücken können. Wenn ein Schimpanse sich freut, zeigt er alle seine Zähne in einem breiten Grinsen. Diese Affen sind beliebte Darsteller im Zirkus und beim Fernsehen. Von einem Schimpansen weiß man, daß er mehr als 50 verschiedene Dinge verrichten konnte. Unter anderem schenkte er sich eine Tasse Tee ein, tat Zucker und Milch hinein, rührte um und trank. Er konnte sich eine Zigarette anstecken, den Rauch aus dem Mundwinkel blasen und in einen Spucknapf spucken. Solche Dinge bedeuten für die Affen eine große nervliche Anstrengung; dressierte Affen leben meistens nicht sehr lange.

Zu den bekannten Altweltaffen gehört der Pavian, der auch „Hundskopf" genannt wird. Er lebt in Arabien, Äthiopien und im Süden der Sahara. Der Kopf auf der Titelseite dieses Buches ist der Kopf eines Mandrills, der auch zur Familie der Hundsaffen gehört. Der Schimpanse, der Rhesusaffe und der Seidenaffe gehören zu den Altweltaffen, während das Weiß-Pinseläffchen (Krallenaffe), der Klammeraffe, Brüllaffe und der Eichhörnchenaffe einige der Neuweltaffen sind.

Weißhand-Gibbon
Orang-Utan
Schimpansenbaby
Junger Gorilla

Die wilden Tiere werden geschützt

Da eine Reihe wilder Tiere dem Menschen nützliche Dinge – Häute, Felle, Fleisch und Öl – liefert, geht die Zahl dieser Tiere sehr schnell zurück. Sie sind in Gefahr auszusterben. Andere wilde Tiere sind in derselben Gefahr, weil es als sportlich gilt, auf sie Jagd zu machen. Trockenlegung, Wasserverschmutzung, Überschwemmung durch Talsperren und das Verschwinden des Pflanzenlebens, von dem viele Tiere abhängen, stellen eine weitere Bedrohung dar.

Vor kaum einem Jahrhundert schwärmten Millionen Bisons oder Büffel durch die Prärien Amerikas. Sie wurden wegen ihrer Häute erbarmungslos abgeschlachtet, so daß es im Jahre 1890 nur noch 1000 Büffel gab. Heute werden die Tiere in Nationalparks geschützt. Vor 100 Jahren gab es auch noch Zehntausende von Grizzlybären. Wenige Hundert sind übriggeblieben.

Ist eine Tierart erst einmal ausgestorben, so gibt es keine Möglichkeit, sie neu zu erschaffen. Deshalb sind Schutz und Erhaltung unserer Tierbestände sehr wichtig. Es gibt heute Schutzgesetze, die das sinnlose Töten der Tiere verhindern. Auch sollte man für die Dinge, die die wilden Tiere den Menschen liefern, Ersatzstoffe suchen – zum Beispiel Plastikstoffe anstelle von Elfenbein und Leder.

In Deutschland ist der Naturschutz eine Aufgabe der einzelnen Landesregierungen. Bei den Landwirtschaftsbehörden gibt es Naturschutzämter. Daneben gibt es in Bad Godesberg die „Bundesanstalt für Naturschutz", die zusammen mit der „Bundesanstalt für Vegetationskunde" Forschungen für den Naturschutz betreibt.